BGB Crashkurs

Der sichere Weg durch die Prüfung

Prof. Dr. iur. Michael Timme

5. Auflage

C.H.BECK

So nutzen Sie dieses Buch

Die folgenden Elemente erleichtern Ihnen die Orientierung im Buch:

Beispiele und Übungen

In diesem Buch finden Sie zahlreiche Beispiele.

Definitionen

Hier werden Begriffe erläutert.

Checklisten	
1. Erleichtern den Klausuraufbau	✓
2. Machen Prüfungsanforderungen transparent	

! Die Merkkästen enthalten die zentralen Informationen.

Auf den Punkt gebracht

Hier finden Sie prägnante Zusammenfassungen.

Inhalt

Vorwort

Dieses Buch richtet sich an die Anfängerin, den Anfänger im Zivil- und Wirtschaftsrecht und soll einen ersten Zugang vermitteln. Ferner können fortgeschrittene Studierende eine kompakte Wiederholung finden. Aufgrund der angestrebten konzentrierten Vermittlung des grundlegenden Wissens habe ich darauf verzichten müssen, abweichende Meinungen zu verschiedenen Rechtsfragen und vertiefende Literaturnachweise darzustellen. Das Buch folgt daher grundsätzlich den Auffassungen der Rechtsprechung. Vielfach könnte man sich freilich wissenschaftlich kritisch mit verschiedenen Ansichten auseinandersetzen. Das vermag dieses Buch angesichts seiner Zielsetzung als erste Einstiegsliteratur nicht zu leisten. Besonders kontrovers beurteilte Fragen sind daher mit einem „umstritten" gekennzeichnet, damit die geneigte Leserin, der geneigte Leser erkennt, dass die Lösung diskutiert wird und das jeweilige Problem gegebenenfalls vertieft nachlesen kann. Das Handelsrecht wird in einem zweiten Band (HGB Crashkurs) dargestellt.

Die 5. Auflage hat den Stand Januar 2018.

Dr. iur. Michael Timme

Professor für Bürgerliches Recht, Handels- und Wirtschaftsrecht an der University of Applied Sciences Aachen

Richter am Landgericht Aachen und Mitglied des Justizprüfungsamtes bei dem Oberlandesgericht Köln

Einführung in das Zivilrecht

Das Zivilrecht ist ein wesentlicher Baustein unserer Rechtsordnung.

Die Grundlage der staatlichen Ordnung in Deutschland bildet das Grundgesetz (GG).

Im Grundgesetz sind insbesondere die Grundrechte der Bürger verankert, aber auch die Grundlagen des Staatswesens wie Gesetzgebung, Wahlen oder die Finanzverfassung.

Beispiel

Gesetze werden auf Bundesebene vom Bundestag unter der im GG geregelten Mitwirkung des Bundesrates beschlossen.

Das GG sieht die Unabhängigkeit der Richter als Ausprägung der Gewaltenteilung vor.

Die verschiedenen Rechtsgebiete

Das deutsche Rechtssystem gliedert sich in drei große Bereiche, nämlich

- Zivilrecht
- Strafrecht
- Öffentliches Recht.

Beispiele

Studentin S

a) will ihren Kommilitonen K heiraten

b) mit ihm eine Bank ausrauben, um die Hochzeit finanzieren zu können

c) trotz ihrer Sehbehinderung einen Führerschein gegen den Willen des Straßenverkehrsamtes erwerben.

In welchen Rechtsgebieten bewegt sich S jeweils?

Die Eheschließung ist ein zivilrechtlicher Vorgang (a), der Bankraub strafrechtlich zu würdigen (b) und der Streit mit der Behörde unterfällt dem öffentlichen Recht (c).

Merke

Das Zivilrecht befasst sich mit allen Rechtsfragen, die sich auf einer Ebene der Gleichordnung zwischen den Bürgern bewegen.

Hier begegnen sich Teilnehmer am Rechtsverkehr also auf „Augenhöhe" und schließen beispielsweise Verträge, fügen einander Schäden zu (z. B. Verkehrsunfall), vererben/erben etwas, heiraten usw.

Das Zivilrecht regelt folglich die rechtlichen Voraussetzungen und Konsequenzen des rechtlichen Verhaltens von Rechtssubjekten untereinander und ihre Rechtsbeziehungen zu Rechtsobjekten (z. B. Eigentum).

Merke

Im Strafrecht geht es um die Durchsetzung des staatlichen Strafanspruchs.

Straftäter werden für Straftaten zur Rechenschaft gezogen.

Das dient zum einen der Sühne des begangenen Unrechts, zum anderen aber auch der Abschreckung des Straftäters und der Bevölkerung von weiteren Straftaten.

> **Merke**
>
> Das öffentliche Recht schließlich befasst sich mit dem Verhältnis Staat zum Bürger.

Im öffentlichen Recht tritt der Staat dem Bürger grundsätzlich nicht gleichberechtigt gegenüber, sondern gerade in seiner Funktion als Hoheitsträger. Es besteht dann häufig ein Über-/Unterordnungsverhältnis zwischen Staat und Bürger.

Dabei kann es um staatliche Eingriffe gehen (S muss Steuern zahlen), aber auch um die Gewährung staatlicher Leistungen (S erhält BAföG für sein Studium).

In den letzten Jahrzehnten nimmt auch im Zivilrecht der Einfluss **europäischer Vorgaben** zu. Wichtige Teile des Zivilrechts sind im Rahmen der EU vereinheitlicht worden. Zum Beispiel beruhen die §§ 434 ff. BGB inzwischen weitgehend auf der Richtlinie über den Verbrauchsgüterkauf. In solchen Fällen sind die europäischen Vorgaben bei der Rechtsanwendung zu beachten. Maßgeblich sind hier vor allem der AEUV und die Rechtsakte der EU. Das Europarecht genießt Vorrang vor dem nationalen Recht.

Die Gerichte in Zivilsachen

Zur Durchsetzung der Ansprüche sind laut Grundgesetz die Gerichte zuständig. Es gibt feste Zuständigkeiten der Gerichte in Zivilsachen.

Sehr vereinfacht gelten im Zivilrecht folgende Regeln:

- Für Streitwerte bis 5.000 EUR ist grundsätzlich in erster Instanz das Amtsgericht zuständig, bei Streitwerten über 5.000 EUR grundsätzlich das Landgericht. **Ausnahmen** gelten z. B. bei der Wohnungsmiete oder bei Streitigkeiten um Wohnungseigentum (dort immer Amtsgericht).

- Wenn eine Partei (oder ggf. auch beide) mit dem Urteil unzufrieden und nicht voll mit ihrem Anspruch durchgedrungen ist, kann sie unter Umständen **Berufung** gegen das Urteil einlegen – gegen Urteile des Amtsgerichts beim Landgericht, gegen Urteile des Landgerichts in erster Instanz beim Oberlandesgericht. Diese Berufungsgerichte überprüfen in zweiter Instanz die Richtigkeit des ersten Urteils grundsätzlich umfassend, soweit dies die Zivilprozessordnung zulässt. Sobald das Landgericht zuständig ist, herrscht Anwaltszwang.

- Schließlich ist gegen die Urteile der zweiten Instanz eine sogenannte Revision beim Bundesgerichtshof denkbar, die aber an weitere enge Voraussetzungen geknüpft ist und sich zudem auf eine Kontrolle beschränkt, ob das Urteil Rechtsfehler aufweist (**Revision**).

- Beim Amtsgericht entscheidet ein Richter, beim Landgericht entscheiden grundsätzlich drei Richter (Kammer), beim Oberlandesgericht drei Richter (Senat) und beim

Bundesgerichtshof fünf Richter (Senat). Beim Landgericht entscheidet zumeist anstelle der Kammer ein Einzelrichter, sofern es sich nicht um bedeutende Rechtsstreitigkeiten handelt.

• Bei den zuletzt genannten Gerichten führt immer einer der Richter den Vorsitz, beim Urteil haben aber alle Richter das gleiche Stimmengewicht. Es entscheiden im Zivilrecht grundsätzlich ausschließlich Berufsrichter, also studierte Volljuristen (anders als die „Schöffen im Strafprozess", die als Laienrichter tätig sind).

• Die Kosten eines Rechtsstreits trägt grundsätzlich der (endgültige) Verlierer des Rechtsstreits, § 91 ZPO.

> ### Beispiel
> *V hat K auf Zahlung von 15.000 EUR verklagt. V verliert den Prozess beim Landgericht und die Berufung beim OLG. Vor dem BGH gewinnt V seinen Prozess gegen K dann aber endgültig. Hier muss K die Kosten des Gerichts aus drei Instanzen, seine eigenen Anwaltskosten und die Anwaltskosten des V aus allen Instanzen bezahlen.*

• Nicht erfasst in diesem sogenannten **Instanzenzug** ist das Bundesverfassungsgericht. Das Bundesverfassungsgericht ist als Verfassungsgericht nicht in die normale Entscheidung von Fällen eingebunden, sondern hat ausschließlich die Aufgabe zu überprüfen, ob die Vorgaben des Grundgesetzes eingehalten wurden (Verletzung spezifischen Verfassungsrechts).

Beispiel

Vermieter X hat einen Prozess gegen seinen Mieter M endgültig in der Berufung verloren, nachdem ein Zeuge zur Raumgröße missverständliche Angaben gemacht hatte.

Nun kann X gegen das Urteil zwar Verfassungsbeschwerde beim Bundesverfassungsgericht (BVerfG) einlegen. Allerdings kommt es vor dem Bundesverfassungsgericht nicht darauf an, ob das Urteil in der Sache zutreffend ist oder nicht. Das Bundesverfassungsgericht prüft ausschließlich, ob das Urteil gegen das Grundgesetz verstößt, also das Gericht in der Berufung Vorgaben der Verfassung gar nicht berücksichtigt oder falsch beurteilt hat.

Vor Gericht ist es in der Praxis häufig entscheidend, wer etwas beweisen kann, um einen Prozess zu gewinnen.

Merke

Immer derjenige, der daraus eine für ihn günstige Rechtsfolge herleiten kann, muss die zwischen den Parteien streitige Tatsache grundsätzlich beweisen.

Beispiel

V schickt K per Post eine Kündigung der Mietwohnung. Er will, dass K nun auszieht. K bestreitet, die Kündigung jemals erhalten zu haben. Hier ist der Zugang der Kündigung für die Rechtslage des V, der sich darauf im Hinblick auf die Beendigung des Mietvertrags berufen will, günstig. Also muss V im Streitfall beweisen, dass K die Kündigung tatsächlich erhalten hat.

Als Beweismittel kommen in Betracht:

- Zeugen

- Urkunden

- Sachverständige

- Augenschein

- und (unter Einschränkungen) die Parteivernehmung.

Beispiel

V überbringt die Kündigung durch den Boten B, der dann vor Gericht als Zeuge bestätigen kann, dass er K die Kündigung übergeben hat (Zeugenbeweis).

Merke

Aus einem Urteil kann der Gewinner des Rechtsstreits notfalls die Zwangsvollstreckung betreiben, wenn der unterlegene Gegner nicht freiwillig erfüllt.

So kann beispielsweise ein Gerichtsvollzieher mit der zwangsweisen Beitreibung des ausgeurteilten Betrages beauftragt werden.

Beispiel

Der Gerichtsvollzieher pfändet beim Schuldner eine wertvolle Briefmarkensammlung. Aus der Versteigerung erhält der Gläubiger sein Geld.

Das Bürgerliche Gesetzbuch als Grundlage

Das Fundament des Zivilrechts bildet das Bürgerliche Gesetzbuch (BGB). In diesem Gesetzbuch sind die wichtigsten Rechtsfragen aus dem Bereich des Zivilrechts geregelt. Dazu enthält das BGB fünf sogenannte „Bücher", die man als thematische Ordnung begreifen muss.

- 1. Buch: Allgemeiner Teil
- 2. Buch: Schuldrecht
- 3. Buch: Sachenrecht
- 4. Buch: Familienrecht
- 5. Buch: Erbrecht.

Damit regelt das BGB „von der Wiege bis zur Bahre" die zentralen Aspekte aus dem Privatrecht (umfassende Kodifikation).

Das BGB stammt ursprünglich vom 1.1.1900, wurde aber seitdem ständig überarbeitet und verändert, besonders grundlegend etwa im Familienrecht, wo zum Beispiel im Jahre 1900 keine Gleichberechtigung von Mann und Frau vorgesehen war.

Das BGB ist in insgesamt 2.385 einzelne Vorschriften unterteilt. Das Gesetz richtet sich dabei an den kundigen Leser. Wenn man die Lösung eines Rechtsfalls aus dem BGB entnehmen will, muss man Vorkenntnisse besitzen, da sich die Lösung aus dem Zusammenspiel verschiedener Vorschriften ergeben kann.

Beispiel

So ist etwa § 164 Abs. 2 BGB für den Leser nur verständlich, wenn man die Grundregeln der sogenannten Irrtumsanfechtung bereits beherrscht.

Zudem verfolgt das BGB die Technik des sogenannten „Vor die Klammer Ziehens". Demgemäß werden übergeordnete Fragen nur einmal – an zentraler Stelle – im BGB geregelt. Diese zentralen Aspekte muss man bei der Lösung eines Falles also mit bedenken und ihren Regelungsort kennen.

Beispiel

Der 8-jährige M möchte sich ohne seine Eltern von seinem Taschengeld ein Eis kaufen. Die Regelung zum Kaufvertrag findet sich im Schuldrecht (§ 433 BGB), aber die dafür notwendige Geschäftsfähigkeit regeln §§ 104 ff. BGB, insbesondere § 110 BGB.

Dabei haben spezielle Regelungen Vorrang vor allgemeinen Regelungen:

Beispiele

- *§ 536a BGB regelt die Rechte des Mieters bei einem Mangel der Mietsache. Insoweit gelten dann nicht die Vorschriften des Allgemeinen Schuldrechts über Leistungsstörungen, sondern die Regelungen des Besonderen Schuldrechts (Mietrecht).*

- *Die Rechte des Käufers bei einem Mangel regeln die §§ 437 ff. BGB (Besonderes Schuldrecht) mit Vorrang vor den allgemeinen Leistungsstörungsregeln (§§ 275 ff. BGB).*

Die Lösung von Fällen

Bei der Lösung von Fällen ist – wenn nichts anderes vom Auf-
gabensteller vorgegeben ist – vom sogenannten **Gutach-
tenstil** auszugehen. Dazu ist es notwendig, sich zunächst
das Ziel, das Begehren des Anspruchstellers zu vergegenwär-
tigen: „**W**er **w**ill **w**as von **w**em **w**oraus?". Diese Frage ist an
den Sachverhalt zu richten.

> ### Beispiel
>
> *Wenn V an K auf dem Flohmarkt eine Vase für 100 EUR ver-
> kauft, besteht das Ziel des V darin, von K den vereinbarten
> Kaufpreis zu erhalten. V will von K 100 EUR.*

Sodann ist eine passende Anspruchsgrundlage im BGB zu
finden, die dieses Anspruchsziel trägt – im Beispiel § 433
Abs. 2 BGB.

Definition Anspruchsgrundlage

*Eine Anspruchsgrundlage räumt dem Berechtigten die Mög-
lichkeit ein, von einem anderen ein Tun oder Unterlassen zu
begehren.*

Nunmehr ist zu prüfen, ob das Geschehen – der vom Auf-
gabensteller mitgeteilte Sachverhalt – die einzelnen Merkmale des Tatbestandes der jeweiligen Anspruchsgrundlage
ausfüllt. Diesen Vorgang nennt man Subsumtion. Nur wenn
das der Fall ist, besteht ein Anspruch.

Dazu ist zunächst ein Obersatz zu bilden – üblicherweise
eine indirekte Frage im Konjunktiv, da sämtliche Punkte des
Obersatzes nachfolgend zu prüfen sind.

> **Beispiel**
>
> *„V könnte gegen K einen Anspruch auf Zahlung von 100 EUR aus Kaufvertrag gemäß § 433 Abs. 2 BGB haben."*
>
> *Im Beispiel wäre danach festzustellen, ob zwischen V und K ein Kaufvertrag zustande gekommen ist (Prüfung, ob der Tatbestand des § 433 Abs. 2 BGB erfüllt ist). Falls ja, ist der Tatbestand gegeben und die Anspruchsgrundlage erfüllt; falls nein, kann der Anspruchsteller jedenfalls aus dieser Anspruchsgrundlage mit seinem Begehren nicht durchdringen.*

Im Rahmen der Subsumtion muss zunächst definiert werden, wie Kaufverträge zustande kommen, um dann festzustellen, ob der Lebenssachverhalt diese allgemeine Definition im konkreten Fall ausfüllt.

> **Merke**
>
> Die Lösung schreitet also von den Voraussetzungen zum Ergebnis:
> „Das setzt einen Kaufvertrag zwischen V und K voraus. Kaufverträge kommen zustande durch zwei übereinstimmende Willenserklärungen, Angebot und Annahme. Hier haben sich V und K auf den Kauf einer Vase geeinigt, sodass V ein Anspruch aus § 433 Abs. 2 BGB zusteht."

Bisweilen sind rechtliche Begriffe in Tatbeständen nicht ganz eindeutig. Dann kann es sein, dass unter den Juristen **umstritten** ist, wie ein bestimmtes Tatbestandsmerkmal zu verstehen ist.

> **Beispiel**
>
> *§ 823 Abs. 1 BGB enthält das Tatbestandsmerkmal „Kör-*
> *perverletzung". Wenn Chirurg C den Patienten P operiert,*
> *um die erkrankte Niere des P zu entfernen, kann man da-*
> *rum streiten, ob dieser an sich schmerzhafte Eingriff eine*
> *Körperverletzung bildet oder ob auf den beabsichtigten*
> *Heilerfolg abzustellen ist und damit keine Körperverletzung*
> *vorliegt. Die Frage, ob eine solche ärztliche Heilbehandlung*
> *eine tatbestandsmäßige Körperverletzung darstellt, wird*
> *von Juristen unterschiedlich beantwortet und kontrovers*
> *diskutiert. Man spricht von einer „streitigen Frage", sodass*
> *es dann darauf ankommt, sich argumentativ überzeugend*
> *einer Lösung anzuschließen.*

Immer dann, wenn sich **verschiedene Ansichten** zu einer
Frage gebildet haben, muss der Verfasser im Rahmen eines
Gutachtens argumentativ herausarbeiten, welche Lösung
aus welchen Gründen aus seiner Sicht überzeugend ist.
Er muss sich folglich der für ihn überzeugenderen Lösung
anschließen und diese dann konsequent! seiner weiteren
Lösung zugrunde legen.

Es wäre ein gravierender Fehler, die Lösung einer solchen
Streitfrage, die sich auf den Fall auswirkt, einfach unbeant-
wortet zu lassen.

> **Beispiel**
>
> *Gegen eine Einstufung der Heilbehandlung als tatbestands-*
> *mäßige Körperverletzung spricht, dass sie gerade im Interes-*
> *se des Patienten liegt und seine Gesundheit wiederherstellen*
> *soll. Demgegenüber ist aber ausschlaggebend, dass der Arzt*
> *zwar durch die Einwilligung des Patienten gerechtfertigt*

> wird, aber nach dem Wortlaut und Sinn und Zweck des § 823 Abs. 1 BGB zunächst eine Einstufung als tatbestandsmäßige Körperverletzung überzeugender ist.
>
> Denn etwa bei einer fehlerhaften Einwilligung oder vorsätzlich fehlerhaften Behandlung wäre der Patient ansonsten schutzlos im Rahmen des § 823 Abs. 1 BGB gestellt. Zudem spricht die Existenz des § 630c Abs. 2 BGB für diese Ansicht. Demgemäß ist die Heilbehandlung auf der Tatbestandsebene als Körperverletzung anzusehen.

In einer Haus- oder Seminararbeit sind die Ansichten und Auffassungen durch entsprechende Fundstellen (Zitate) zu belegen, also etwa durch das Zitieren entsprechender Gerichtsurteile oder wissenschaftlicher Veröffentlichungen. Nachweise finden sich etwa in Kommentaren (wie z. B. *Timme*, Kommentar zum Wohnungseigentumsgesetz, 2. Aufl. 2014) oder Lehrbüchern.

> ### *Beispiel*
>
> *Die Freiheit gemäß § 823 Abs. 1 BGB ist verletzt, wenn die körperliche Bewegungsfreiheit gegen den Willen des Betroffenen nicht nur unwesentlich eingeschränkt wird (vgl. OLG München, OLGR München 1985, 466; Palandt/Sprau, BGB, 76. Aufl. 2017, § 823 Rn. 6).*
>
> *§ 823 Abs. 1 BGB schützt als sonstiges Recht auch den berechtigten Besitz (OLG Düsseldorf, MDR 1985, 497).*

Besonders bedeutsam ist bei solchen Streitfragen die Auffassung der Gerichte, besonders die des BGH, da die Gerichte im „wahren Leben" zu entscheiden haben. Deshalb muss die für den Fall relevante Ansicht von Gerichten immer zitiert werden. Gleichwohl soll man sich aber mit den Ansichten von Autoren in der Literatur eingehend auseinandersetzen, um zu einer gut begründeten Lösung zu gelangen: Der Bearbeiter kann dann mit entsprechender Begründung zu jedem vertretbaren Ergebnis gelangen, durchaus auch gegen die Rechtsprechung! Entscheidend für die Bewertung sind Begründung und Argumentation.

Am Ende ergibt sich durch diese Subsumtion ein Ergebnis. Die Prüfung ist für **jede** in Betracht kommende Anspruchsgrundlage **erneut** vorzunehmen, um das Gesamtergebnis schließlich festhalten zu können.

> ## Merke
>
> Auch wenn bereits eine geprüfte Anspruchsgrundlage das Ziel des Anspruchstellers trägt, sind also noch die **weiteren** denkbaren Anspruchsgrundlagen zu untersuchen. Der Grund: Es ist denkbar, dass sich in einem Rechtsstreit nur manche Tatbestände beweisen lassen, andere nicht. Dann wäre es fatal, wenn nicht alle denkbaren Anspruchsgrundlagen bedacht wurden.

Wenn verschiedene Anspruchsgrundlagen in Betracht kommen, sind diese in einer bestimmten Reihenfolge zu prüfen.

> ### Merke
>
> In der Praxis hat sich folgende Prüfungsreihenfolge herausgebildet (wobei 3. und 4. austauschbar sind):
> - Vertragliche Ansprüche (z.B. § 433 Abs. 2 BGB)
> - Dingliche Ansprüche (z.B. § 985 BGB)
> - Deliktische Ansprüche (z.B. § 823 Abs. 1 BGB)
> - Ansprüche aus Bereicherungsrecht (z.B. § 812 Abs. 1 S. 1 Alt. 1 BGB).

Diese Reihenfolge ist deshalb sinnvoll, weil zum Beispiel das Bestehen eines Vertrags zwischen den Parteien Einfluss auf etwaige Bereicherungsansprüche hat und daher vorrangig zu prüfen ist.

Beispiel

Im Sachverhalt steht bereits, dass V und K einen Kaufvertrag geschlossen haben. In diesem Fall wäre es unnötig, noch lange zu prüfen, welche einzelnen Merkmale für Angebot und Annahme notwendig sind. Wenn aber K bei Annahme des Kaufvertragsangebots 8 Jahre alt war, muss genau geprüft werden, ob K das Angebot rechtlich wirksam annehmen konnte.

!

Merke

Im Rahmen des Gutachtens sind folgende Aspekte zu beachten:
- Vorschriften sollten genau zitiert werden (z. B. § 812 Abs. 1 S. 1 Alt. 1 BGB).
- Die Genauigkeit der Erörterung einer Frage muss ihrer Bedeutung für die Falllösung entsprechen: Einfache Dinge knapp erörtern, schwierige Fragen länger behandeln – Schwerpunktsetzung!
- Subjektive Wendungen sind zu vermeiden (kein „zweifellos", „selbstverständlich", „völlig klar").
- Es ist stets vom Tatbestand der jeweiligen Vorschrift auszugehen. Sodann wird durch Subsumtion des Sachverhaltes festgestellt, ob die jeweiligen Tatbestandsmerkmale erfüllt sind oder nicht.
- Das Ergebnis wird erst nach der Prüfung der Voraussetzungen dargestellt („daraus folgt", „damit", „also").
- Der Aufbau ist sinnvoll zu gliedern: z. B. 1. Anspruch entstanden? 2. Anspruch untergegangen? 3. Anspruch durchsetzbar?

Beispiel

V schlägt K auf die Nase. K blutet stark und muss zu einem Arzt. Das kostet 500 EUR. Hat K einen Anspruch auf Schadensersatz in Höhe von 500 EUR?

K könnte gegen V einen Anspruch auf Schadensersatz in Höhe von 500 EUR wegen des Schlages auf die Nase gemäß § 823 Abs. 1 BGB haben.

(Obersatz)

V könnte die Gesundheit des K verletzt haben. Eine Gesundheitsverletzung ist das Hervorrufen oder Steigern eines pathologischen Zustands.

(Definition)

K musste sich hier in Behandlung begeben.

(Subsumtion)

Das Merkmal ist erfüllt.

V könnte K am Körper verletzt haben. Körperverletzung ist jede üble, unangemessene Behandlung, die das körperliche Wohlbefinden nicht nur unerheblich beeinträchtigt.

(Definition)

Hier hat V den K blutig geschlagen und an der Nase getroffen. Das beeinträchtigt den K deutlich.

(Subsumtion)

Das Merkmal ist ebenfalls erfüllt.

Mangels eines Rechtfertigungsgrundes war die Verletzung auch widerrechtlich.

V hat wissentlich und gewollt im Bewusstsein der Rechtswidrigkeit gehandelt, mithin vorsätzlich.

K hat gegen V einen Anspruch auf Schadensersatz gemäß § 823 Abs. 1 BGB.

Beispiel

V berührt K im Bus leicht an der Hand, weil V unvorsichtig eingestiegen ist. K möchte Schadensersatz, weil er sich belästigt fühlt. Zu Recht?

K könnte gegen V einen Anspruch auf Schadensersatz gemäß § 823 Abs. 1 BGB haben.

V könnte K am Körper verletzt haben. Körperverletzung ist jede üble, unangemessene Behandlung, die das körperliche Wohlbefinden nicht nur unerheblich beeinträchtigt. Hier wird K durch die flüchtige Berührung im Bus allenfalls ganz kurzfristig beeinträchtigt. Eine Körperverletzung scheidet aus.

V könnte K an der Gesundheit verletzt haben. Eine Gesundheitsverletzung ist das Hervorrufen oder Steigern eines pathologischen Zustands. K musste nicht behandelt werden. Es ist keine Gesundheitsverletzung gegeben.

K hat gegen V keinen Anspruch auf Schadensersatz gemäß § 823 Abs. 1 BGB.

Die Rechtssubjekte

Teilnehmer am Rechtsverkehr nennt man Rechtssubjekte.

> **Merke**
>
> Am Rechtsverkehr kann nur derjenige teilnehmen, der auch rechtsfähig ist.

Die Rechtsfähigkeit des Menschen

§ 1 BGB regelt den Beginn der Rechtsfähigkeit des Menschen. Begriff und Inhalt der „Rechtsfähigkeit" selbst werden vom BGB aber vorausgesetzt.

Definition Rechtsfähigkeit

Rechtsfähigkeit ist die Fähigkeit, Träger von Rechten und Pflichten zu sein.

Die Rechtsfähigkeit beginnt mit dem vollständigen Austritt aus dem Mutterleib. Danach ist ausnahmslos jeder Mensch rechtsfähig. Die Rechtsfähigkeit endet erst mit dem Tod, und zwar mit dem Tod des gesamten Gehirns.

Beispiel

Der vor wenigen Minuten geborene Säugling S ist gemäß § 1 BGB bereits rechtsfähig, kann also z. B. ein Millionenvermögen erben. Am Rechtsverkehr selbst teilnehmen und sein Vermögen allein verwalten kann er naturgemäß (noch) nicht.

Die juristische Person/ rechtsfähige Personengesellschaft

Neben den natürlichen Personen erkennt die Rechtsordnung auch bestimmten **organisatorischen Zusammenschlüssen** ähnlich wie Menschen Rechtsfähigkeit zu. Dadurch sollen die Teilnahme am Rechtsverkehr und Haftungsfragen sinnvoll geregelt werden. Wenn bestimmte gesetzlich geregelte Voraussetzungen erfüllt sind, entsteht eine sogenannte juristische Person.

Juristische Personen lassen sich auf mehreren Ebenen unterscheiden. Zunächst kann man zwischen öffentlich-rechtlichen und bürgerlich-rechtlichen juristischen Personen unterscheiden.

Beispiel

*Das Land Nordrhein-Westfalen ist als sogenannte Gebiets-
körperschaft eine juristische Person des öffentlichen Rechts,
die X-GmbH eine solche des bürgerlichen Rechts.*

Zudem gibt es die Unterscheidung zwischen Körperschaf-
ten und Personengesellschaften. Die Körperschaft ist eine
Organisationsform, die durch eine weitreichende Verselbst-
ständigung der Vereinigung gegenüber ihren Mitgliedern
gekennzeichnet ist. Es gibt daher keine mitgliederbezogenen
Auflösungsgründe wie Tod, Kündigung oder Insolvenz eines
Mitglieds.

Merke

Die Mitglieder können wechseln, der Verband bleibt
bestehen.

Personengesellschaften sind hingegen weniger stark gegenüber ihren Mitgliedern rechtlich verselbstständigt. Das
zeigt sich am deutlichsten bei der Gesellschaft bürgerlichen
Rechts. Diese wird gemäß § 721 BGB beim Tod eines Gesellschafters sogar grundsätzlich aufgelöst, falls nichts anderes
vereinbart wurde. Trotzdem sind auch die Personengesellschaften rechts- und parteifähig, sie sind jedoch keine juristischen Personen (Lösung teilweise umstritten).

Unternehmer und Verbraucher

Wichtig für zahlreiche Vorschriften des BGB – zum Beispiel
§§ 474, 312, 495 BGB – ist die Unterscheidung zwischen

Unternehmer und Verbraucher. Das BGB regelt diese Unterscheidung zentral in §§ 13, 14 BGB.

Merke

Dabei legt das BGB einen auf das jeweilige Rechtsgeschäft bezogenen Ansatz zugrunde: Es geht um den Zweck des jeweiligen Rechtsgeschäfts.

Gemäß § 14 Abs. 1 BGB muss die handelnde Person in Ausübung eines gewerblichen oder selbstständigen beruflichen Zwecks handeln, um als Unternehmer angesehen zu werden.

Beispiel

Steuerberater S verkauft seinen für die Kanzlei genutzten PKW, der im Betriebsvermögen der Kanzlei aufgeführt ist, an X. Hier stellt sich die Frage, ob § 14 BGB erfüllt ist. S ist kein professioneller Autohändler. Da das Fahrzeug sich aber gleichwohl im Anlagevermögen befindet und daraus entnommen wird, ist auch dieses „Hilfsgeschäft" als selbstständige berufliche Tätigkeit anzusehen, sodass § 14 BGB erfüllt ist (Lösung umstritten).

In Konsequenz dessen kann jemand bei manchen Verträgen Verbraucher, bei anderen Unternehmer sein.

Beispiel

Rechtsanwalt R kauft am Morgen Brötchen zum Frühstück und handelt dabei als Verbraucher. Wenn er danach den Bäcker rechtlich berät, liegt eine unternehmerische Tätigkeit vor, § 14 BGB.

Die Willenserklärung

Um am Rechtsverkehr teilnehmen zu können, müssen die Rechtssubjekte ihren rechtlichen Vorstellungen Ausdruck verleihen. Zentrales Element dafür ist die Willenserklärung als willensgetragenes Geschehen, das auf die Setzung einer Rechtsfolge gerichtet ist.

Definition Willenserklärung

Die Willenserklärung ist das zentrale Mittel, um im Rechtsverkehr willentlich Rechtsfolgen auszulösen. Sie besteht aus einem objektiven, äußeren Geschehen und darauf bezogenen subjektiven, inneren Voraussetzungen.

Zunächst muss nach außen überhaupt ein äußeres Geschehen zu erkennen sein. Das kann ausdrücklich geschehen (X formuliert einen Vertrag), aber auch schlüssig (In der Mensa stellt sich Student S wortlos mit Speisen an die Kasse). Dieses äußerlich wahrnehmbare Geschehen muss von einem subjektiven Wollen begleitet sein. Zunächst muss überhaupt ein **Handlungsbewusstsein** vorhanden sein (Schlafwandler X handelt nicht bewusst).

Darüber hinaus ist es grundsätzlich erforderlich, ein Erklärungsbewusstsein zu haben. Dem Handelnden muss bewusst sein, sich im Rechtsverkehr zu bewegen.

Beispiel

Am Erklärungsbewusstsein fehlt es etwa bei Schauspieler S, der Fan F auf dessen Wunsch eine Autogrammkarte unterschreibt, auf welcher F heimlich einen Vertrag aufgedruckt hat.

Schließlich lässt sich noch der **Geschäftswille** als Merkmal ausmachen, nämlich der Wille zum konkreten Rechtsgeschäft.

Beispiel

Diesen hat zum Beispiel Kaufmann K nicht, der an seinem Schreibtisch zwar Kaufverträge unterzeichnen will, dabei aber versehentlich einen Mietvertrag unterschreibt.

Merke

Für eine wirksame Willenserklärung sind
• ein äußeres Erklärungszeichen
• und ein Handlungswille unverzichtbar.

Wenn der Geschäftswille fehlt, ist die Willenserklärung wirksam, eventuell kann sich der Erklärende aber wegen Irrtums von seiner Erklärung lösen.

Merke

Bei fehlendem Erklärungsbewusstsein kommt es darauf an, ob der Handelnde hätte bemerken müssen, dass seine Handlung als rechtserheblich angesehen wird.

Beispiel

Wenn die Bank B auf Nachfrage einem Dritten mitteilt, ihr Bankkunde K sei solvent und gegebenenfalls werde man für die Forderung des Dritten einstehen, muss der Dritte dies als rechtsverbindlich auffassen. Hat die Bank hier tatsächlich

> *ohne Erklärungsbewusstsein gehandelt, muss sie sich trotz-dem (jedenfalls zunächst) an der Erklärung festhalten lassen (sog. potenzielles Erklärungsbewusstsein).*

Die Geschäftsfähigkeit

Um am Rechtsverkehr teilnehmen zu können, sind bestimmte **geistige Fähigkeiten** erforderlich. Diese können zum einen fehlen, wenn ein Erwachsener aufgrund einer dauerhaften geistigen Erkrankung nicht in der Lage ist, eigenverantwortlich am Rechtsverkehr teilzunehmen, § 104 Nr. 2 BGB. Diese Personen werden unter Betreuung gestellt und von einem Betreuer vertreten. Eigene Willenserklärungen solcher Personen sind nach § 105 Abs. 1 BGB nichtig – mit Ausnahme des § 105a BGB für bestimmte Alltagsgeschäfte.

Daneben ergeben sich Einschränkungen aufgrund des Alters: Bis zum vollendeten siebten Lebensjahr sind Willenserklärungen von Minderjährigen gemäß §§ 104 Nr. 1, 105 Abs. 1 BGB nichtig. Im Alter zwischen 7 und 18 Jahren besteht gemäß §§ 2, 106 BGB beschränkte Geschäftsfähigkeit. Diese Minderjährigen können Geschäfte grundsätzlich nur mit Einwilligung ihrer Eltern tätigen, wenn nicht einer der Ausnahmefälle des BGB vorliegt.

Zunächst bedürfen Minderjährige keiner Einwilligung bei lediglich rechtlich vorteilhaften Geschäften (§ 107 BGB).

> **Merke**
>
> Lediglich rechtlich vorteilhaft ist ein Rechtsgeschäft dann, wenn keine unmittelbaren rechtlichen Nachteile daraus folgen.

Abgestellt wird also auf die **rechtlichen** Folgen: Die Annahme eines Geschenkes ist lediglich rechtlich vorteilhaft, während ein wirtschaftlich günstiger Kaufvertrag (Kauf eines Fernsehers im Wert von 500 EUR für 200 EUR) nicht lediglich rechtlich vorteilhaft ist, da der Minderjährige gemäß § 433 Abs. 2 BGB den Kaufpreis zahlen müsste.

Daneben sind Geschäfte mit Taschengeld gemäß § 110 BGB wirksam. Darunter fallen aber nur Verträge, die mit dem Taschengeld **vollständig erfüllt** werden können.

Sonderfälle behandeln §§ 112, 113 BGB.

Alle nicht besonders ausgenommenen anderen Rechtsgeschäfte hängen von der Genehmigung der gesetzlichen Vertreter, also im Regelfall der Eltern ab.

Nichtig sind auch Willenserklärungen gemäß § 105 Abs. 2 BGB, die im Zustand vorübergehender Störung der Geistestätigkeit abgegeben werden.

> **Beispiel**
>
> *Y hat sich vollkommen betrunken (über 3 Promille BAK). Eine jetzt von ihm abgegebene Willenserklärung wäre nach § 105 Abs. 2 BGB nichtig.*

Abgabe und Zugang von Willenserklärungen

Die Abgabe

Damit Willenserklärungen Rechtsfolgen erzielen können, müssen sie zunächst in den Rechtsverkehr gelangen. Sie müssen abgegeben werden.

> **Merke**
>
> Die Abgabe setzt eine willentliche Entäußerung voraus, wonach die Willenserklärung so in den Geschäftsverkehr gelangt, dass unter normalen Umständen mit einem Zugang beim Empfänger gerechnet werden kann.

Der Erklärende muss die Erklärung also in den Rechtsverkehr geben. Wird die Erklärung etwa in den Papierkorb geworfen, fehlt es an einer solchen Abgabe in den Rechtsverkehr.

Die meisten Willenserklärungen sind an eine andere Person gerichtet (empfangsbedürftige Willenserklärungen). Solche Willenserklärungen werden nicht gleich mit Abgabe wirksam. Nur die seltenen nicht-empfangsbedürftigen Willenserklärungen werden gleich mit Abgabe wirksam.

> **Beispiel**
>
> *X ist die Katze „Sanft" entlaufen. Er hängt Suchplakate auf und verspricht einen Finderlohn. Diese Willenserklärung (Finderlohn) wird mit Abgabe wirksam.*

Der Zugang

Die empfangsbedürftigen Willenserklärungen werden erst
mit Zugang wirksam und bindend. Hier bedarf die Willenserklärung gemäß § 130 Abs. 1 S. 1 BGB bei Abwesenden
des Zugangs. Nur der Widerruf gemäß § 130 Abs. 1 S. 2 BGB
hindert hier die Wirksamkeit noch nach Zugang.

Definition Zugang

*Zugang liegt vor, wenn die Willenserklärung derart in den
Machtbereich des Empfängers gelangt ist, dass unter gewöhn-
lichen Umständen mit einer Kenntnisnahme gerechnet werden
kann.*

Wenn die Erklärung in den Briefkasten des Empfängers eingeworfen wurde, liegt ein Zugang vor, wenn üblicherweise
mit der Entnahme des Briefes gerechnet werden kann – also
beispielsweise am nächsten Vormittag, wenn der Brief nach-
mittags eingeworfen wurde. Ein Übergabe-Einschreiben
geht erst dann zu, wenn das Einschreiben dem Empfänger
tatsächlich übergeben wurde. Eine Mail geht zu, wenn sie
auf dem Mail-Server zum Download bereit liegt. Auch ein
längerer Urlaub hindert also den Zugang nicht (Lösung umstritten).

Merke

Zugang setzt also
- weniger als eine tatsächliche Kenntnisnahme,
- aber mehr als ein Abschicken in Richtung auf den
  Adressaten voraus.

Aufgrund dieser Definition kommt es häufiger zu Fristproblemen. Wenn etwa der Absender genau weiß, dass der Empfänger nicht zu Hause ist und dies für einen Einwurf des Briefes ausnutzt, kann sich der Absender später nicht auf den Zeitpunkt dieses Zugangs berufen.

> ### Beispiel
>
> *Arbeitgeber A weiß, dass Arbeitnehmer AN im Urlaub ist. Bewusst nutzt er diese Zeit zur Übersendung einer Kündigung. Hier kann sich der AN nach seiner Rückkehr darauf berufen, das Schreiben erst jetzt erhalten zu haben, obwohl der Zugang bereits während des Urlaubs erfolgt ist (Lösung umstritten).*

In anderen Fällen kann dem Empfänger manchmal prozessual geholfen werden, wenn ein Problem der tatsächlichen Kenntnisnahme auftritt, das nicht vom Absender vorherzusehen war **(„Wiedereinsetzung in den vorigen Stand")**.

Bei mündlichen Erklärungen gilt nur, was der Empfänger tatsächlich verstanden hat als Zugang (Lösung sehr umstritten).

Der Vertragsschluss

Damit ein Vertrag Rechtswirkungen entfalten kann, muss er zustande kommen.

Angebot und Annahme

Verträge kommen zustande durch zwei korrespondierende Willenserklärungen, Angebot und Annahme.

> **Merke**
>
> Es gilt der Grundsatz: Geschlossene Verträge muss man einhalten – pacta sunt servanda! Grundsätzlich kann sich daher eine Vertragspartei nicht gegen den Willen der anderen Vertragspartei von einem geschlossenen Vertrag lösen.

Definition Angebot

Das Angebot ist eine regelmäßig empfangsbedürftige Willenserklärung, durch die einem anderen der Vertragsschluss in der Art und Weise angetragen wird, dass der Empfänger den Vertrag durch ein schlichtes „Ja" zustande kommen lassen kann.

In einem Angebot müssen also die wesentlichen Vertragsumstände enthalten sein, die sogenannten **„essentialia negotii"** – bei einem Kaufvertrag wären das also die Parteien, der Kaufgegenstand und der Kaufpreis. Da es sich um eine Willenserklärung handelt, muss auch Rechtsbindungswille vorliegen.

> **Beispiel**
>
> *Bei einer Schaufensterauslage des Kaufmanns K fehlt es am Rechtsbindungswillen, denn der Geschäftsinhaber will ja nicht an jeden verkaufen (Etwa: X hat bekanntermaßen kein Geld!). Hier liegt daher nur eine Aufforderung an den potenziellen Kunden vor, seinerseits ein Angebot abzugeben, die sogenannte „**invitatio ad offerendum**".*

Falls die Bindung nicht ausgeschlossen wird, ist das Angebot nach § 145 BGB verbindlich. Also kann der Anbietende sein Angebot nicht einseitig rückgängig machen.

Damit ein Vertrag entsteht, muss das Angebot angenommen werden. Ist ein Vertrag zustande gekommen, müssen beide Parteien diesen grundsätzlich auch einhalten und können ihn nicht einseitig gegen den Willen der anderen Vertragspartei rückgängig machen.

Definition Annahme

Eine Annahme ist eine grundsätzlich empfangsbedürftige Willenserklärung, durch die der Annehmende sein Einverständnis mit dem angetragenen Vertrag erklärt.

Um einen Schwebezustand zu vermeiden, kann die Annahme nur binnen bestimmter **Fristen** erklärt werden. Unter Anwesenden kann die Annahme nur sofort erfolgen. Unter Abwesenden muss die Annahme entweder in einer vom Antragenden bestimmten Frist oder in dem Zeitlauf angenommen werden, der gemäß § 149 BGB üblicherweise erwartet werden kann.

Ein Zugang der Annahmeerklärung, nicht aber die Annahme selbst ist bei § 151 BGB entbehrlich.

Beispiel

Versandhaus V schickt die bestellte Ware an Kundin K. Hier liegt darin die Annahme des Antrags der K. Die Annahme muss nicht nochmals ausdrücklich gegenüber K erklärt werden. Entbehrlich ist aber nur der Zugang bei V, nicht die Annahmehandlung selbst (Verpacken und Auslieferung der Ware).

Soweit sich Angebot und Annahme decken, kommt ein Vertrag zustande. Wenn der Empfänger das Angebot nur verändert annehmen will, gilt dies als Ablehnung verbunden mit einem neuen Antrag, § 150 Abs. 2 BGB. An dieses Angebot ist der Erklärende dann nach § 145 BGB wieder gebunden.

Beispiel

V bietet K einen Gebrauchtwagen zum Preis von 5.000 EUR an. K schreibt zurück: „Für 4.000 EUR nehme ich den PKW." Dann ist das Angebot des V erloschen, es liegt aber ein neues Angebot des K vor. Wenn V dieses annimmt, ist K daran gebunden und muss den PKW bezahlen.

Auf den Punkt gebracht

Verträge entstehen, wenn zwei übereinstimmende Willenserklärungen – Angebot und Annahme – vorliegen.

Das Schweigen im Rechtsverkehr

Schweigen kommt im Rechtsverkehr grundsätzlich **keine Bedeutung** zu, es ist ein „Nullum". Ausnahmsweise wird – von einzelnen Vorschriften des BGB – Schweigen als Ablehnung gewertet, etwa § 108 Abs. 2 BGB. Als Zustimmung wird Schweigen allenfalls dann gewertet, wenn ein Kaufmann in bestimmten Geschäftsbereichen beteiligt ist (§ 362 HGB) oder im Sonderfall des kaufmännischen Bestätigungsschreibens.

Dieses Bestätigungsschreiben findet seine Grundlage in einem Handelsbrauch (§ 346 HGB). Es setzt voraus, dass

* zwischen den Parteien ein Vertrag geschlossen wurde bzw. mindestens Vertragsverhandlungen stattgefunden haben,

* der Absender des Schreibens von einem Vertragsschluss ausgegangen ist

* und den Inhalt des mündlich geschlossenen Vertrags redlicherweise bestätigen wollte und

* der Empfänger zum tauglichen Adressatenkreis gehört.

Der Empfänger muss **Kaufmann** sein oder zumindest nennenswert am Geschäftsverkehr teilnehmen.

Wenn der Empfänger in einem solchen Fall nicht unverzüglich widerspricht, wird der Inhalt des Schreibens Vertragsbestandteil. (Lösung teilweise umstritten).

Auslegung

Gegebenenfalls bedürfen Willenserklärungen der Auslegung. Auszugehen ist von § 133 BGB, nämlich dem wirklichen Willen.

Beispiel

E stirbt und vermacht in seinem Testament „alles, was ich habe, meiner Mutti". Wenn E seine Ehefrau immer „Mutti" genannt hat, wird die Ehefrau Erbin – und nicht wie nach dem Wortsinn die Mutter des E.

Sobald eine Willenserklärung einen Empfänger hat, ist das Zusammenspiel von §§ 133, 157 BGB zu beachten. Hier kommt es darauf an, was der Empfänger verstehen durfte.

> *Beispiel*
>
> *E bestellt in Köln einen „halven Hahn". Dann darf der Gastwirt gemäß §§ 133, 157 annehmen, dass E ein Käsebrötchen möchte, da in Köln ein „halver Hahn" ein Käsebrötchen bedeutet.*

Willensmängel

Die Vorschriften über Willensmängel regeln die Frage, unter welchen Voraussetzungen man sich gegebenenfalls gegen den Willen der anderen Vertragspartei von einem Vertrag lösen kann.

Bisweilen kommt es vor, dass dem Erklärenden bei der Willensbildung oder ihrer Mitteilung ein Fehler unterläuft. Diese Fehler sind stets dann unbeachtlich, wenn der Irrtum sich auf der **Motivebene** bewegt.

> *Beispiel*
>
> *V kauft für seine Tochter ein Brautkleid. Die Hochzeit wird abgesagt. Dann hat V zwar keine Verwendung für das Kleid, dieser Irrtum gehört aber ausschließlich in die Überlegungsphase des V. V kann den Kauf nicht ungeschehen machen (unbeachtlicher Motivirrtum).*

Andere Irrtümer sieht das BGB als relevant an. Wenn ein solcher, vom BGB anerkannter Willensmangel vorliegt, kann der Erklärende durch Anfechtung nach § 142 Abs. 1 BGB die Nichtigkeit der Erklärung herbeiführen, und zwar rückwirkend: Die fehlerhafte Willenserklärung hat es nie gegeben und damit auch keinen Vertrag.

Zunächst ist durch **Auslegung** festzustellen, ob überhaupt ein solcher Willensmangel vorliegt. Gegebenenfalls kann der Erklärende diesen dann anfechten.

Merke

Auslegung geht vor Anfechtung!

Allerdings führen Willensmängel gemäß §§ 119, 120 BGB bei Anfechtung zu einem Anspruch auf Ersatz des Vertrauensschadens beim Erklärungsempfänger (§ 122 Abs. 1 BGB). Dieser kann also verlangen, so gestellt zu werden, als hätte er von der fehlerhaften Willenserklärung nie gehört.

Zunächst kann ein **Erklärungsirrtum** gemäß § 119 Abs. 1 Alt. 2 BGB vorliegen.

Definition Erklärungsirrtum

Ein Erklärungsirrtum liegt vor, wenn der Erklärende das falsche Erklärungszeichen setzt, sich also verschreibt, verspricht, vergreift.

Beispiel

X möchte Ware bei V bestellen. Er trägt versehentlich Bestellnummer 35 statt 53 ein. Hier liegt ein Schreibfehler mit dem Recht zur Anfechtung vor. Wenn allerdings V die Ware bereits abgeschickt hatte, kann er gemäß § 122 BGB Ersatz seiner Portokosten verlangen.

Definition Inhaltsirrtum

Ein Inhaltsirrtum gemäß § 119 Abs. 1, 1. Alt. BGB liegt vor, wenn der Erklärende zwar das von ihm gewünschte Erklärungszeichen setzt, der Erklärung aber eine falsche Bedeutung beimisst.

Beispiel

Wenn ein Gast in Köln einen „halven Hahn" ordert, bestellt er bei Auslegung gemäß §§ 133, 157 BGB ein Käsebrötchen (Verkehrsüblichkeit in Köln). Sollte der Gast über die Bedeutung seiner Erklärung geirrt haben, weil er tatsächlich ein Hähnchen wollte, könnte er die Erklärung anfechten wegen Inhaltsirrtums.

Zu beachten sind noch die weiteren Anforderungen des § 119 Abs. 1 BGB.

Wichtiger in der Praxis ist jedoch die Anfechtung gemäß § 119 Abs. 2 BGB.

Definition Irrtum über verkehrswesentliche Eigenschaften

Ein Irrtum über verkehrswesentliche Eigenschaften liegt vor, wenn eine Fehlvorstellung über die wertbildenden Faktoren vorliegt, also etwa über das Material einer Sache (Gold statt Blech). (Lösung umstritten).

Zu den verkehrswesentlichen Eigenschaften gehört jedoch nicht der Preis selbst, denn dieser ist das Resultat der wertbildenden Faktoren.

Eine Anfechtung ist gemäß § 123 Abs. 1 BGB außerdem möglich, wenn der Erklärende arglistig getäuscht wurde.

Definition Arglistige Täuschung

Eine Täuschung ist das widerrechtliche Hervorrufen oder Unterhalten eines Irrtums. Arglist setzt Vorsatz voraus.

Definition Vorsatz

Vorsatz bedeutet Wissen und Wollen des Erfolgs im Bewusstsein der Rechtswidrigkeit.

Beispiel

V verkauft an K einen gebrauchten PKW. V weiß, dass das Fahrzeug vor dem Verkauf einen schweren Unfall hatte, den er gegenüber K verschweigt, um einen höheren Kaufpreis zu erzielen. Darin liegt eine wissentliche und gewollte Täuschung des K, der deshalb seine Willenserklärung gemäß § 123 BGB anfechten kann.

Definition Drohung

Eine Drohung gemäß § 123 Abs. 1 BGB ist das Inaussichtstellen eines künftigen Übels, auf das der Drohende Einfluss hat oder zu haben vorgibt.

Beispiel

K zwingt den V mit vorgehaltener Waffe, ihm seine wertvolle Uhr zu „schenken". V kommt der Aufforderung des K nach. Hier kann V sich darauf berufen, dass K ihm ein Übel (Verletzung durch Schusswaffe) in Aussicht gestellt, mithin gedroht hat.

Die Drohung bei § 123 Abs. 1 BGB muss zudem auch **widerrechtlich** sein. Das kann sich einmal aus dem eingesetzten Mittel selbst ergeben (Drohung mit Folter), aus dem verfolgten Zweck (Verkauf von Drogen wird angestrebt) oder einer rechtswidrigen Mittel-Zweck-Relation (V zwingt den K, seine Alleinschuld an einem Verkehrsunfall zu akzeptieren, wenn K nicht möchte, dass V die Polizei ruft).

Nichtige und sittenwidrige Verträge

Manchen Verträgen versagt die Rechtsordnung gemäß § 134 BGB die Wirksamkeit, weil sie gegen ein gesetzliches Verbot verstoßen.

Merke

§ 134 BGB knüpft die Rechtsfolge der Nichtigkeit an einen Verstoß gegen das Verbotsgesetz, das über die Reichweite des Verbots zu bestimmen hat.

Beispiel

V verspricht dem K die Zahlung von 50.000 EUR, wenn K die Ehefrau des V ermordet. Das Verbotsgesetz bildet § 211 StGB (Mord), der Vertrag ist laut § 134 BGB nichtig.

Beispiel

Wenn X den U „schwarz" – also unter Hinterziehung von Steuern und Sozialabgaben – mit dem Bau einer Mauer beauftragt, verstößt das gegen das Gesetz zur Bekämpfung der Schwarzarbeit. Daher kann U von X keine Entschädigung (Ersatz seiner eingesetzten Arbeitskraft) verlangen und X den U nicht wegen Mängeln der Mauer in Anspruch nehmen.

Nichtig sind nach § 138 Abs. 1 BGB Verträge, die gegen die guten Sitten verstoßen.

Definition Gute Sitten

Die guten Sitten sind das Anstandsgefühl aller billig und gerecht Denkenden.

Im Wesentlichen sind hier die **Wertentscheidungen** des Grundgesetzes im Rahmen einer Gesamtbewertung des Geschehens zu beachten.

> ### Beispiel
>
> *X verspricht dem V, gegen Zahlung von 10.000 EUR seine Religion zu wechseln. Das Geschäft ist nicht verboten (keine Nichtigkeit gemäß § 134 BGB), aber gleichwohl hat V gegen K keinen Anspruch, da der Religionswechsel gegen Geld nach der Werteordnung des Grundgesetzes nicht der Disposition der Parteien unterliegt.*

§ 138 Abs. 2 BGB konkretisiert den Tatbestand des Wuchers.

> ### Beispiel
>
> *X verkauft dem durstenden D in der Wüste ein Glas Wasser zum Preis von 30.000 EUR. Hier nutzt X die Zwangslage des D aus (§ 138 Abs. 2 BGB).*

Wichtig ist auch das **Allgemeine Gleichbehandlungsgesetz (AGG)**. Dieses greift in die Rechtsgeschäfte von Verbrauchern und Unternehmern ein. Verboten sind Benachteiligungen aus den in § 1 AGG genannten Gründen. Die §§ 19–21 AGG enthalten demgemäß zivilrechtliche Benachteiligungsverbote.

Beispiel

X wird aufgrund seines „hohen" Alters von 45 Jahren der Zugang zu einer Diskothek verweigert.

Verboten sind aber auch mittelbare Benachteiligungen, die sich faktisch diskriminierend auswirken.

Beispiel

Das Vermietungsunternehmen V vermietet nicht an Alleinerziehende mit Kind. Hiervon sind statistisch signifikant mehr Frauen betroffen, sodass eine mittelbare Diskriminierung vorliegt.

Im Einzelfall kann einer der Rechtfertigungsgründe des § 20 AGG vorliegen.

Beispiel

X ist im Diskothekenfall ein bekannter Randalierer, der mit einem Hausverbot belegt wurde.

Bei einem Verstoß gegen das AGG kann unbeschadet weiterer Ansprüche die Beseitigung der Beeinträchtigung und Unterlassung verlangt werden. Zudem gibt es einen Anspruch auf Schadensersatz bei Verschulden auf materiellen Schaden – auf immateriellen Schaden auch verschuldensunabhängig.

Formfragen bei Rechtsgeschäften

Die meisten Verträge werden im Alltag mündlich geschlossen und sind selbstverständlich dann auch wirksam. So kann man beispielsweise Brötchen in der Bäckerei mündlich wirksam kaufen oder auch einen Gebrauchtwagen auf dem Automarkt.

Merke

Im Grundsatz kann man Rechtsgeschäfte mündlich wirksam abschließen!

Bei manchen Rechtsgeschäften verlangt die Rechtsordnung jedoch die Einhaltung einer bestimmten Form. Rechtsgeschäfte sind also formfrei, wenn die Rechtsordnung nicht ausdrücklich die Einhaltung einer Form vorschreibt. Fehlt es an dieser Form, ist das Rechtsgeschäft gemäß § 125 S. 1 BGB wegen des Formmangels nichtig.

Bisweilen kann allerdings auch eine spätere Heilung des Formmangels eintreten, zum Beispiel § 518 Abs. 2 BGB.

Eine bestimmte Form verlangt das BGB aus Beweisgründen, als Übereilungsschutz und/oder um eine sachkundige Beratung der Parteien zu gewährleisten.

Beispiel

Bei § 311b BGB liegen alle drei Aspekte der Formvorschrift zugrunde, während etwa § 766 BGB allein den Bürgen vor Übereilung schützen soll.

> ### *Merke*
>
> Die Rechtsordnung stellt je nach Bedeutung des Rechts-
> geschäfts verschieden hohe Anforderungen an die
> Form. Man unterscheidet grundsätzlich:
> - Textform
> - Schriftform
> - Beglaubigung
> - Beurkundung.

Die geringste Hürde bildet die Textform nach § 126b BGB.
Hier muss der Text nur druckbar vorliegen, sodass auch eine
E-Mail ausreicht.

Bei der **Schriftform** des § 126 BGB muss die Erklärung
grundsätzlich eigenhändig unterzeichnet werden. Dazu
müssen wenigstens Buchstaben erkennbar sein, leserlich
muss die Unterschrift hingegen nicht sein. Telefax oder E-
Mail genügen hier nicht – da der Empfänger keine eigen-
händige Unterschrift erhält (denn auch beim Telefax bleibt
das Original beim Absender). Unterzeichnet werden muss
die **gesamte Urkunde**. Wenn diese aus mehreren Blättern
besteht, genügt die Unterschrift auf der letzten Seite nur
dann, wenn durch feste Verbindung oder fortlaufenden,
nummerierten Text sichergestellt ist, dass die Unterschrift
auch den ganzen Text erfassen soll. Man spricht hier von
der sogenannten abschließenden Wirkung der Unterschrift
(Lösung teilweise umstritten).

> **Beispiel**
>
> *§ 766 BGB verlangt für die Bürgschaft Schriftform, um den Bürgen vor der Gefährlichkeit der Bürgschaft zu warnen. Hier muss der Bürge die gesamte Bürgschaftserklärung eigenhändig unterzeichnen.*

Bei der **öffentlichen Beglaubigung** gemäß § 129 BGB prüft der Notar die Identität des Unterzeichnenden. Es geht also nicht um den eigentlichen Inhalt der Erklärung, sondern darum, Fälschungen auszuschließen, die aufgrund einer falschen Identität des Unterzeichners entstehen könnten.

> **Beispiel**
>
> *Bei der Anmeldung zum Handelsregister ist die öffentliche Beglaubigung erforderlich, um sicherzustellen, dass der Handelnde auch tatsächlich im Antrag genannt ist.*

Die notarielle Beurkundung ist die strengste Form, ihre Einzelheiten sind im Beurkundungsgesetz geregelt; das BGB enthält nur die Regelung des § 128 BGB. Zuständig ist der Notar. Dieser erstellt eine Urkunde, welche von ihm vorgelesen und sodann von den Parteien genehmigt und eigenhändig unterzeichnet wird.

Einige weitere besondere Formvorschriften enthalten das Familienrecht zur Eheschließung und das Erbrecht.

Außerdem können die Parteien freiwillig gemäß § 127 BGB vereinbaren, dass für einen an sich formfreien Vertrag besondere Formvorschriften gelten sollen. Dann wendet man über §§ 127, 125 S. 2 BGB die Formvorschriften des BGB entsprechend an.

> **Beispiel**
>
> *V und K vereinbaren für einen Autokaufvertrag Schriftform. Der Vertrag wäre an sich formfrei, aber nach § 127 BGB steht V und K dieses Vorgehen frei. Es gilt § 126 BGB mit den Maßgaben des § 127 Abs. 2 BGB.*

Sehr vereinzelt kommt die Rechtsprechung zu dem Ergebnis, dass ein formnichtiger Vertrag ausnahmsweise doch als wirksam anzusehen ist. Um § 125 BGB nicht leer laufen zu lassen, muss diese Gestaltung auf **extreme** Einzelfälle beschränkt werden. Das ist etwa anzunehmen, wenn eine Partei die andere Partei kraft überlegenen Wissens bewusst über die Formbedürftigkeit des Vertrages getäuscht hat und sich nun treuwidrig auf die Formnichtigkeit des Vertrags berufen will (umstritten).

> **Beispiel**
>
> *V verkauft an K ein Grundstück. V meint, eine notarielle Beurkundung sei nicht nötig, er sei ein „Edelmann", der sich auch so an sein Wort halte. Dieser Vertrag ist gemäß § 125 S. 1 BGB nichtig, da die Parteien bewusst auf eine Einhaltung der Form verzichtet haben.*
>
> *Wenn V dem K allerdings erfolgreich vorspiegelt, eine Beurkundung sei nicht nötig, da V Rechtsanwalt sei und deshalb die Formvorschriften für ihn nicht gelten, sieht die Situation anders aus. Schenkt K dem aufgrund der beruflichen Stellung des V Glauben, wird man V gemäß § 242 BGB an seinen Worten festhalten können.*

Das Abstraktionsprinzip

Das Abstraktionsprinzip gehört zu den grundlegenden Bausteinen der deutschen Rechtsordnung.

Merke

Das BGB differenziert zwischen dem Verpflichtungs- und dem Verfügungsgeschäft.

Definition Verfügungsgeschäft

Verfügungsgeschäfte sind Rechtsgeschäfte, die unmittelbar auf den Bestand, Inhalt oder Umfang eines Rechts einwirken.

Verfügungsgeschäfte setzen also eine besondere Verfügungsmacht voraus, die nur dem Inhaber des Rechts zusteht. Für Verfügungsgeschäfte gilt daher das Prioritätsprinzip: Nur die erste Verfügung über einen Gegenstand ist wirksam, da danach der erstmalig Verfügende nicht mehr Inhaber der Verfügungsmacht ist. Ausnahmsweise kann auch ein Nicht-Berechtigter über einen Gegenstand verfügen gemäß § 185 BGB, wenn der Inhaber der Verfügungsmacht dem zustimmt.

Beispiel

Bankhaus X erlaubt dem Darlehensnehmer D, den Warenbestand, der der Bank zur Sicherheit übereignet wurde, in seinem Geschäft gemäß § 185 BGB wirksam an seine Kunden zu übereignen.

Zudem gilt der Bestimmtheitsgrundsatz. Es muss immer eindeutig sein, auf welchen Gegenstand sich das Rechtsgeschäft bezieht.

Auch die Abtretung gemäß § 398 BGB ist ein Verfügungsgeschäft, an dem der Schuldner demgemäß nicht beteiligt ist.

Definition Verpflichtungsgeschäft

Verpflichtungsgeschäfte begründen hingegen eine bestimmte Verpflichtung.

Verpflichtungsgeschäfte sind auch ohne eine besondere Rechtsmacht wirksam, allerdings macht sich der Verpflichtende unter Umständen schadenersatzpflichtig, wenn er zwei Verpflichtungsgeschäfte über dieselbe Sache abschließt, die er nur einmal liefern kann.

Beispiel

V verkauft seinen gebrauchten PKW am 1.10. um 10 Uhr an X und um 12 Uhr an Y. Dann sind beide Verpflichtungsgeschäfte wirksam, aber natürlich kann V nur einmal erfüllen, also den PKW übergeben und übereignen (Verfügungsgeschäft).

Durch den Kaufvertrag gemäß § 433 BGB wird die Pflicht begründet, den Kaufgegenstand zu übergeben und zu übereignen bzw. den Kaufpreis zu bezahlen. Hierdurch werden also Rechtspflichten begründet, zu deren Erfüllung ein zweites Rechtsgeschäft notwendig ist, nämlich das entsprechende Verfügungsgeschäft. Gemäß § 433 Abs. 1 S. 1 BGB muss der Kaufgegenstand nämlich übereignet werden (Verpflichtungsgeschäft = Kaufvertrag – Übereignung = Verfügungsgeschäft). Für bewegliche Sachen findet sich das entsprechende Verfügungsgeschäft in § 929 S. 1 BGB. Diese Vorschrift regelt die eigentliche Übereignung.

Zudem sind diese beiden Rechtsgeschäfte inhaltlich getrennt, also abstrakt voneinander zu beurteilen.

> **Merke**
>
> Das Abstraktionsprinzip bedeutet: Etwaige rechtsfehlerhafte Vorgänge bei einem der beiden Rechtsgeschäfte (Verpflichtungs- und Verfügungsgeschäft) beeinflussen das andere Rechtsgeschäft grundsätzlich nicht.

> **Beispiel**
>
> *Wenn V geisteskrank an K eine Vase verkauft, ist diese Willenserklärung des V gemäß §§ 104 Nr. 2, 105 Abs. 1 BGB nichtig; es liegt kein wirksames Verpflichtungsgeschäft vor. Wenn V einige Tage später wieder gesund ist und eine Übereignung der Vase gemäß § 929 S. 1 BGB vornimmt, ist diese Übereignung wirksam.*

Das Abstraktionsprinzip hat also den Vorteil, dass die Eigentumslage an Gegenständen relativ sicher festgestellt werden kann. Weil etwaige Mängel des Verpflichtungsgeschäfts das Verfügungsgeschäft nicht beeinflussen, ist die Übereignung viel weniger anfällig für Fehler.

Das Bereicherungsrecht hat die Aufgabe, letztlich wieder die Rechtslage zu bereinigen.

Es gibt drei (seltene) Durchbrechungen des Abstraktionsprinzips, nämlich die Fehleridentität (wenn der Verkäufer beispielsweise bei beiden Rechtsgeschäften geisteskrank ist), zweitens können die Parteien die Wirksamkeit des Verpflichtungsgeschäfts zur Bedingung des Verfügungsgeschäfts erheben und letztlich kann vereinzelt eine Einheit der Geschäfte gemäß § 139 BGB angenommen werden. Das sind aber Gestaltungen, für die besondere Anhaltspunkte vorliegen müssen.

> **Auf den Punkt gebracht**
>
> Das deutsche Recht behandelt Verpflichtungs- und Verfügungsgeschäfte auch inhaltlich nach ihren jeweils eigenen Regeln und betrachtet beide isoliert.

Besitz und Eigentum

Generell sind Besitz und Eigentum im deutschen Zivilrecht zu differenzieren.

Definition Besitz

Besitz bezeichnet im Recht – anders als oft umgangssprachlich – ausschließlich die tatsächliche Herrschaft über eine Sache, § 854 Abs. 1 BGB.

Entscheidend ist also eine tatsächliche Sachherrschaft, deren Reichweite die Verkehrsanschauung bestimmt.

Beispiel

Student S hat die Sachherrschaft über den Stift, mit dem er schreibt. Studentin K ist aber auch Besitzerin eines Briefes, der während der Vorlesung in ihren Briefkasten eingeworfen wird, denn nach der Verkehrsanschauung hat sie trotz ihrer Abwesenheit die Sachherrschaft über Dinge, die in ihren häuslichen Machtbereich gelangen.

Der Besitzer darf sich gegen Störungen in seinem Besitz verteidigen. Das regelt z. B. § 859 BGB.

> **Merke**
>
> - Keinen Besitz hat der Besitzdiener, § 855 BGB.
> - Ferner gibt es noch den mittelbaren Besitz (§ 868 BGB).

Definition Eigentum

Eigentum bedeutet hingegen die umfassende rechtliche Herrschaft über eine Sache, vgl. § 903 BGB.

Eigentum ist damit eine rechtliche Kategorie, die in ihrem Umfang und ihren Grenzen von der Rechtsordnung geschützt wird. Das Eigentum ist auch als Grundrecht geschützt, Art. 14 GG.

Der Eigentümer kann nach § 985 BGB die Herausgabe der Sache vom Besitzer verlangen und sich gemäß § 1004 BGB gegen unberechtigte Störungen seines Eigentums wehren.

§ 985 BGB ist also die zentrale Anspruchsgrundlage, um Eigentum und Besitz wieder beim Eigentümer zusammenzuführen. Allerdings kann dem Besitzer gemäß § 986 BGB ein Recht zum Besitz zustehen.

Beispiel

V hat an M für drei Jahre eine Maschine vermietet. Wenn nun V von M Herausgabe gemäß § 985 BGB verlangt, kann M sich für die Zeit der Miete auf § 986 BGB berufen und eine Herausgabe verweigern.

Auf den Punkt gebracht

- Zugunsten des Besitzers wird gemäß § 1006 BGB vermutet, dass er auch Eigentümer der Sache ist.

- § 985 BGB führt Eigentum und Besitz wieder zusammen.

Allgemeine Geschäftsbedingungen (AGB)

Allgemeine Geschäftsbedingungen ermöglichen es, die gesetzlichen Regelungen an die jeweiligen Besonderheiten eines Rechtsgebietes anzupassen.

Merke

Die (sehr abstrakten) Regelungen der §§ 433 ff. BGB gelten sowohl für den Kauf eines Hausgrundstückes als auch für den Kauf eines Brötchens. AGB eröffnen die Möglichkeiten, die Besonderheiten des jeweiligen Vertragsgegenstandes zu berücksichtigen.

Allerdings ist der Verwendung von AGB aus Sicht des Kunden eine Missbrauchsgefahr immanent: Für den Verwender besteht ein Anreiz, darauf zu hoffen, dass die Kunden die AGB nicht allzu genau lesen und er sich durch die Gestaltung der AGB für den Streitfall einen Vorteil verschaffen kann.

Merke

Die §§ 305–310 BGB stellen deshalb sicher, dass insbesondere Verbraucher durch AGB nicht unzulässig benachteiligt werden.

Auszugehen ist von § 305 Abs. 1 BGB. Immer dann, wenn jemand für eine Vielzahl von Verträgen (grundsätzlich mit mindestens dreimaliger Absicht) einer anderen Partei einseitig Bedingungen stellt, liegen AGB vor. Die AGB müssen also nicht vom Verwender erarbeitet worden sein.

Beispiel

Vermieter V gehört eine Wohnung, die er an Mieter M vermieten will. Wenn V sich nun einen „Mustermietvertrag" aus dem Schreibwarenladen besorgt, liegen AGB vor, da der Text zigfach verwendet wird.

Schließlich müssen die AGB einseitig gestellt werden, es liegen also keine AGB vor, soweit die Bestimmungen ausgehandelt wurden, § 305 Abs. 1 S. 3 BGB. Ein „Aushandeln" setzt dabei voraus, dass der Verwender die von ihm vorbereiteten Klauseln ernsthaft zur Disposition stellt und der Kunde die reale Möglichkeit der Einflussnahme erhält.

Diese Hürde ist hoch, insbesondere gegenüber einem Verbraucher, sodass in der Praxis regelmäßig die §§ 305 ff. BGB eingreifen.

Immer ist **§ 310 BGB** zu beachten, der den Anwendungsbereich der jeweiligen Vorschriften des AGB-Rechts konkretisiert. Insbesondere differenziert § 310 Abs. 1 BGB danach, ob der Kunde Verbraucher oder Unternehmer ist. Bei Unternehmern gelten die in § 310 Abs. 1 BGB genannten Bestimmungen nicht direkt, allerdings ist deren Rechtsgedanke gleichwohl bei § 307 BGB zu berücksichtigen.

AGB werden gegenüber einem Verbraucher gemäß § 305 Abs. 2 BGB Vertragsbestandteil. Notwendig sind die Möglichkeit der Kenntnisnahme durch den Verbraucher und der ausdrückliche Hinweis auf die AGB. Nur ausnahmsweise genügt statt des Hinweises ein Aushang, nämlich bei Massengeschäften im Alltag. Das nach § 305 Abs. 2 BGB notwendige Einverständnis des Kunden wird aber unterstellt, wenn Hinweis und Kenntnisnahmemöglichkeit gegeben waren.

Beispiel

Unternehmer U betreibt ein Parkhaus, an dessen Schranke eine Tafel mit einer Haftungsbeschränkung angebracht ist. Es liegen AGB vor, § 305 Abs. 1 BGB. Der Kunde hat die Möglichkeit der Kenntnisnahme, wenn die Tafel sichtbar aufgehängt ist. Eine Tafel reicht aus, da ein ausdrücklicher Hinweis angesichts des Massengeschäfts „Parkhaus" unverhältnismäßig schwierig wäre. Wenn nun Kunde K in das Parkhaus einfährt, bedeutet die Inanspruchnahme der Leistung das Einverständnis mit den AGB.

Gegenüber einem Unternehmer werden AGB nach den Grundsätzen der Rechtsgeschäftslehre, insbesondere also durch Angebot und Annahme Vertragsbestandteil, folglich viel einfacher. Zum Teil können AGB bei Kaufleuten auch

durch längere Geschäftsbeziehung oder Branchenüblichkeit
Vertragsbestandteil werden.

Beispiel

*Kaufmann V verkauft an Kaufmann K 10 Tonnen Stahl. Auf
dem Angebotsschreiben des V stand: „Es gelten meine Allgemeinen Geschäftsbedingungen." In diesem Fall werden
die AGB des V Vertragsbestandteil, wenn K dieses Angebot
annimmt. Anders als bei § 305 Abs. 2 BGB – der gemäß
§§ 310 Abs. 1, 14 BGB nicht anwendbar ist – ist eine Ein-
beziehung auch ohne konkrete Kenntnisnahmemöglichkeit
gegeben.*

Sind AGB auf diese Weise Vertragsbestandteil geworden,
unterliegen sie grundsätzlich einer Inhaltskontrolle gemäß
§§ 309–307 BGB. Ist der Kunde Unternehmer, ist § 310
Abs. 1 S. 1, 2 BGB zu beachten.

Merke

§ 309 BGB vor § 308 BGB vor § 307 BGB prüfen!

Zunächst ist § 309 BGB zu prüfen: Ein Verstoß gegen die
dort genannten Bestimmungen führt automatisch zur Nichtigkeit der betroffenen Klausel. Bedeutsam ist insbesondere
§ 309 Nr. 7 a, b BGB.

Beispiel

*Waschanlagen-Unternehmer U bringt an der Waschanlage
ein Schild an: „Für Schäden wird generell nicht gehaftet".
Diese Bestimmung ist bei Verbrauchern unwirksam, da sie
gegen § 309 Nr. 7 b BGB verstößt.*

§ 308 BGB setzt voraus, dass die Klausel im Einzelfall hinsichtlich ihrer Angemessenheit beurteilt wird.

Beispiel

Unternehmer U, der mit Spielzeugen handelt, hat sich in seinen AGB eine Annahmefrist von zwölf Stunden für das Angebot des Verbrauchers vorbehalten. Diese Frist ist nicht unangemessen und daher wirksam. Hätte U eine Frist von zwei Monaten vorgesehen, wäre die Frist unangemessen lange und die Regelung daher unwirksam, § 308 Abs. 1 Nr. 1 BGB.

§ 307 BGB schließlich verlangt eine allgemeine Überprüfung, ob die Bedingungen angemessen und zumutbar sind.

Beispiel

B betreibt ein Bewachungsunternehmen. In seinen AGB steht: „Für mangelhafte Bewachung hafte ich nicht auf Schadensersatz, es sei denn, es geht um eine Verletzung von Leben, Körper und Gesundheit oder es liegt eine grobfahrlässige Verletzung meiner Pflichten oder der Pflichten eines meiner Erfüllungsgehilfen vor!" Diese Klausel ist mit § 309 Nr. 7 a, b und § 308 BGB vereinbar.

Die Unwirksamkeit folgt indes aus § 307 BGB, da ein Bewachungsunternehmer, der seine Haftung für Bewachungsfehler so weit ausschließt, den Vertragszweck gefährdet – B hätte keinen Anreiz, seine Aufgaben sorgfältig auszuführen. Das gilt dann auch gegenüber einem Unternehmer, da auch bei diesem ein Ausschluss nicht zumutbar ist (§ 307 BGB gilt!).

Immer zu beachten sind §§ 305b (Vorrang der Individualabrede) und 305c BGB (Überraschende und mehrdeutige Klauseln).

Beispiel

K kauft bei V eine Dose Hundefutter. In den AGB des V steht: „Jeder Käufer von Hundefutter muss auch eine Hundebürste zum Preis von 2 EUR kaufen." Diese Bestimmung ist überraschend und damit unwirksam.

Beispiel

V hat in seinen AGB formuliert: „Liefertermine sind unverbindlich." K vereinbart mit einem Mitarbeiter mündlich einen verbindlichen Liefertermin. Dann hat diese Vereinbarung Vorrang vor den AGB, § 305b BGB.

Zudem muss eine Klausel gemäß § 307 Abs. 1 S. 2 BGB transparent sein, sodass der Durchschnittskunde sie auch versteht.

Beispiel

U hat in seinen Parkhaus-AGB formuliert: „§ 280 BGB gilt mit der Maßgabe, dass § 276 BGB auf Vorsatz und grobe Fahrlässigkeit eingegrenzt wird". Diese Bestimmung ist ohne weitere Erläuterung für den Kunden nicht zu verstehen und verstößt daher gegen § 307 Abs. 1 S. 2 BGB.

Wenn eine Klausel aufgrund der vorgenannten Vorschriften unwirksam ist, wird sie gemäß § 306 Abs. 1 BGB nicht Vertragsbestandteil. Der Vertrag bleibt jedoch gemäß § 306 Abs. 2 BGB grundsätzlich wirksam, an die Stelle der unwirksamen Klausel treten die gesetzlichen Regelungen, also etwa des BGB. Das gilt nur dann nicht, wenn der so angepasste Vertrag gemäß § 306 Abs. 3 BGB für eine oder beide Parteien eine unangemessene Härte darstellen würde.

Beispiel

Unternehmer U hat in seinen AGB eine Bestimmung vorgesehen, wonach der Kunde an seine Bestellung zwei Monate gebunden ist. Diese Frist ist unangemessen lang, sodass die Klausel gemäß § 308 Abs. 1 Nr. 1 BGB nicht Vertragsbestandteil wird. Der Vertrag im Übrigen bleibt wirksam, § 306 Abs. 1 BGB. Gemäß § 306 Abs. 2 BGB gelten die normalen Fristen des BGB. Wäre etwa U dem Kunden K deutlich mit dem Preis entgegen gekommen, damit K die AGB des U insgesamt akzeptiert, wäre ein solches Ergebnis unbillig und der Vertrag insgesamt unwirksam, § 306 Abs. 3 BGB.

Merke

Nicht erlaubt ist eine sogenannte „geltungserhaltende Reduktion von Klauseln".

Danach dürfen Klauseln durch die Gerichte nicht auf den gerade noch zulässigen Inhalt zurückgeführt werden (Lösung umstritten). Andernfalls würden die Gerichte zu unfreiwilligen Gehilfen der ABG-Gestalter gemacht und die Verwender könnten insoweit gefahrlos Risiken eingehen.

Beispiel

V hat in seinen AGB formuliert: „Die Annahmefrist beträgt sechs Monate, während dieser Zeit ist der Anfragende an seine Erklärung gebunden". Diese Klausel verstößt gegen § 308 Nr. 1 BGB. Danach ist sie jedoch insgesamt unwirksam, sie bleibt nicht etwa mit der im Übrigen bei § 308 Nr. 1 BGB noch maximal zulässigen Frist von zum Beispiel zwei Wochen bestehen.

Nicht selten kommt es vor, dass insbesondere zwei Unternehmer einen Vertrag schließen, bei denen sich die AGB beider Seiten widersprechen.

Beispiel

V hat in seinen V-AGB stehen: „Liefertermine sind ausnahmslos unverbindlich", in den Kunden-K-AGB steht: „Alle Liefertermine sind immer verbindlich."

Wenn beide Parteien auf ihren AGB beharren, kommt gar kein Vertrag zustande; Dissens gemäß § 154 BGB. Denkbar ist jedoch, dass sich eine Partei mit Angebot und Annahme den anderen AGB letztendlich unterwirft.

Beispiel

V schickt an K ein Angebot mit den V-AGB. K bestellt und verweist auf seine K-AGB. V liefert. Dann ist in der Bestellung des K eine Ablehnung des V-Antrags und gleichzeitig ein neues Angebot zu sehen, § 150 Abs. 2 BGB. Dieses hat V angenommen, es gelten die K-AGB.

Häufig bleibt das Problem der **kollidierenden AGB** auf diese Weise ungelöst, weil beide Seiten auf ihren AGB beharren, aber der Vertrag gleichwohl durchgeführt wird. Dann setzen sich die AGB keiner Seite vollständig durch. In einem solchen Fall gelten die Klauseln in den AGB, die in beiden

Texten übereinstimmen, sowie die AGB-Bestimmungen, die
für die jeweils andere Vertragspartei günstig sind, etwa:
„Der Kunde muss erst 60 Tage nach Lieferung bezahlen."
in den Verkäufer-AGB. Sich widersprechende Bestimmungen werden gar nicht Vertragsbestandteil, insoweit gilt das
Gesetz. In diesen Fällen ergibt sich der Vertragsinhalt also
aus dem Zusammenspiel etwaiger noch verbleibender AGB-
Regelungen und etwa dem BGB, das die Lücken füllt (Lösung
umstritten). Besonderheiten gelten für den Eigentumsvorbehalt.

Checkliste	
1. Liegen überhaupt AGB vor?	✓
2. Sind diese wirksam einbezogen?	
3. Sind die AGB wirksamer Vertragsbestandteil?	
4. Welche Rechtsfolge ergibt sich aus der Nichteinbezie-hung?	

Stellvertretung

Oft kommt es vor, dass einer oder beide Vertragspartner
nicht anwesend sind, sondern sich durch einen Dritten vertreten lassen. Das ist – abgesehen von ganz bestimmten
Bereichen, wie etwa der Eheschließung – auch vom BGB
zugelassen und in §§ 164 ff. BGB geregelt.

> **_Merke_**
>
> Das BGB legt das Prinzip der unmittelbaren Stellvertretung zugrunde.

> **_Beispiel_**
>
> _Kaufmann K ist auf Geschäftsreise. Verkäuferin V vertritt ihn im Geschäft und verkauft einen Ring an den Kunden X. Hier werden Vertragspartner K und X, wobei K gemäß § 164 Abs. 1 S. 1 BGB von V vertreten wird._

Checkliste: Liegt eine wirksame Stellvertretung vor?	
Wurde eine eigene Willenserklärung abgegeben?	✓
Ist offenkundig, dass der Erklärende in Vertretung handelt?	
Hatte der Vertreter Vertretungsmacht?	

Eine eigene Willenserklärung unterscheidet den Stellvertreter vom Boten, der nur eine fremde Willenserklärung überbringt.

> **_Merke_**
>
> • Bote = fremde Willenserklärung
> • Stellvertreter = eigene Willenserklärung

> **Beispiel**
>
> *Bote B wird von V geschickt, um etwas auszurichten an den Kunden. Der Bote ist dabei mit einem Brief vergleichbar, während der Stellvertreter zumindest etwas eigenständig handelt.*

Die Offenkundigkeit ergibt sich meist aus den Umständen, § 164 Abs. 1 S. 2 BGB.

> **Beispiel**
>
> *Verkäufer V arbeitet im Schnellrestaurant und trägt typische Berufskleidung, ein Namensschild und steht hinter dem Tresen. Hier verdeutlichen die Umstände, dass V nicht selbst (privat) an Kundin K einen Hamburger verkaufen will, sondern als Stellvertreter des Inhabers handelt.*

Sind die Umstände nicht eindeutig, muss die Stellvertretung ausdrücklich offen gelegt werden, da sich der Stellvertreter gemäß § 164 Abs. 2 BGB nicht darauf berufen kann, wenn die Stellvertretung nicht deutlich geworden ist.

Ausgenommen sind „Geschäfte, für den, den es angeht". Bei Alltagsgeschäften, bei denen dem Vertragspartner ohnehin gleichgültig ist, wer den Vertrag abschließt, wird auch ohne Offenlegung derjenige Vertragspartner, den der Vertreter verpflichten soll.

> **Beispiel**
>
> *Enkel E soll für seine Oma O einen Toaster im Kaufhaus K aussuchen und auch gleich bezahlen. Hier müsste E an sich die Stellvertretung offenlegen. Da es sich um ein Alltagsgeschäft handelt, wird Oma O aber auch dann durch Stellver-*

> *tretung mittels E Vertragspartnerin des Kaufhauses K, wenn*
> *E die Stellvertretung gar nicht erwähnt.*

Praktisch bedeutsam ist vor allem die Vertretungsmacht: Fremdes Handeln kann dem Vertretenen nur zugerechnet werden, wenn auch eine Vertretungsmacht besteht. Diese kann sich zum einen aus dem Gesetz ergeben.

> ### Beispiel
> *Eltern vertreten ihre minderjährigen Kinder, §§ 1629, 1795*
> *BGB. Die GmbH wird gemäß § 35 Abs. 1 GmbHG durch ihren*
> *Geschäftsführer vertreten.*

Oft wird Vertretungsmacht aber auch rechtsgeschäftlich erteilt; hier spricht man von einer Vollmacht. Die Reichweite der Vollmacht bestimmt den Umfang der Vertretungsmacht.

Die Vollmacht erlischt zudem, wenn sie entzogen wird.

> ### Beispiel
> *V bittet den K, für ihn ein Gemälde zu kaufen, aber nicht*
> *mehr als 5.000 EUR auszugeben. Hier ist die Vertretungs-*
> *macht auf diesen Betrag beschränkt.*

Allerdings muss der Geschäftspartner nicht unbedingt Kenntnis von solchen Beschränkungen oder dem Entfall der Vertretungsmacht haben. In diesen Fällen wird er durch §§ 169–172 BGB sowie § 54 Abs. 3 HGB in seinem Vertrauen auf die bestehende Stellvertretung geschützt.

Merke

Wenn jemand einen Vertrag ohne die erforderliche Vertretungsmacht schließt, kann er von seinem Vertragspartner gemäß § 179 BGB nach dessen Wahl auf Schadensersatz oder Vertragserfüllung in Anspruch genommen werden.

Beispiel

V verkauft an X einen PKW. X behauptet, er handele als Stellvertreter für S, hat indes aber gar keine Vertretungsmacht. Hier kann V sich aussuchen, ob er X als Vertragspartner möchte oder ihn auf Schadensersatz in Anspruch nimmt.

Eine wichtige Beschränkung der Vertretungsmacht ergibt sich aus § 181 BGB. Grundsätzlich darf der Vertreter mit sich danach keine Geschäfte abschließen.

Beispiel

X wurde von V gebeten, ein Buch des V auf dem Markt zu verkaufen (Stellvertretung). Nun darf der X das Buch nicht an sich selbst verkaufen (§ 181 BGB), da hier die Gefahr eines Missbrauchs der Vertretungsmacht zu groß ist.

Wenn der Vertreter sich im Außenverhältnis an die Vertretungsmacht hält, sich aber über bestehende Weisungen im Innenverhältnis hinwegsetzt, ist der geschlossene Vertrag grundsätzlich zulasten des Vertretenen wirksam, dieser kann aber gegebenenfalls Schadensersatz vom Vertreter fordern.

> **Beispiel**
>
> *V schickt seinen neuen Mitarbeiter M als Einkäufer zu Liefe-*
> *rant L. V hatte L nur mitgeteilt, es komme ein neuer Einkäu-*
> *fer, der ihn vertreten dürfe (Außenvollmacht), dem M aber*
> *gesagt, er solle nur maximal 1.000 EUR ausgeben. Wenn*
> *nun M für 2.000 EUR Ware kauft, ist V an diesen Vertrag*
> *gegenüber L gebunden, kann aber seinen Mitarbeiter auf*
> *Schadensersatz wegen Missachtung der Weisung in An-*
> *spruch nehmen.*

Verjährung

Die meisten Ansprüche unterliegen einer sogenannten Verjährung.

Definition Verjährung

Verjährung bedeutet ein Leistungsverweigerungsrecht auf-
grund Zeitablaufs.

> **Beispiel**
>
> *V hat an K im Jahre 1950 eine Vase für 300 DM verkauft.*
> *2020 findet ein Enkel des V den Kaufvertrag in alten Un-*
> *terlagen und verlangt vom Enkel E des K als Erben seines*
> *Großvaters den Kaufpreis. Hier muss es E möglich sein, allein*
> *aufgrund des Zeitablaufs eine Zahlung zu verweigern, weil*
> *man andernfalls Quittungen auf unbegrenzte Zeit aufbe-*
> *wahren müsste.*

> **Merke**
>
> Gemäß § 214 Abs. 1 BGB kann nach Eintritt der Verjäh-
> rung die Leistung verweigert werden.

Verjährungsfristen und Beginn der Verjährung

Die Verjährungszeiten sind unterschiedlich lang, je nach
Art des Anspruchs. Grundregel ist § 195 BGB. Bei manchen
Ansprüchen finden sich jedoch besondere Regelungen. Die
Verjährung solcher besonders geregelter Ansprüche beginnt
dann taggenau, §§ 200, 201 BGB.

- Ansprüche gemäß § 197 BGB verjähren in 30 Jahren. Dazu
  gehören gemäß § 197 Abs. 1 Nr. 2 BGB insbesondere Ansprüche aus dem Eigentum auf Herausgabe.

> **Beispiel**
>
> *V wird am 1.10.2008 von X eine Vase gestohlen. Ab dem
> 1.10.2008 hat V nun gemäß § 985 BGB 30 Jahre Zeit, die
> Herausgabe der Vase zu verlangen. Erst danach ist der An-
> spruch verjährt.*

- In 30 Jahren verjähren zudem rechtskräftig festgestellte
  Ansprüche gemäß § 197 Abs. 1 Nr. 3 und die in § 197
  Abs. 1 Nr. 1 BGB genannten unerlaubten Handlungen.

- In 10 Jahren verjähren Ansprüche aus Verträgen über
  Grundstücke gemäß § 196 BGB.

- Wenn sich keine Sonderfrist findet, gilt die regelmäßige
  Verjährungsfrist des § 195 BGB von drei Jahren.

Bei § 195 BGB ist für den Beginn der Verjährung aber § 199 Abs. 1 BGB zu beachten. Die Frist beginnt – sog. Ultimo-Verjährung – erst am Ende des Jahres, in dem der Anspruch entstanden und der Gläubiger Kenntnis bzw. grobfahrlässige Unkenntnis von Anspruch und Verpflichtetem hat. Erst wenn diese Umstände gegeben sind, beginnen die drei Jahre.

Beispiel

X beschädigt am 1.10.2008 fahrlässig das Auto des V. Wenn V das Geschehen beobachtet hat und weiß, dass X der Täter war, beginnt die Verjährung mit dem Ende des Jahres 2008. Sie wäre vollendet mit Ablauf des 31.12.2011.

Wenn X unerkannt entkommt, beginnen die drei Jahre nicht, bis V Kenntnis davon erlangt, wer der Täter war. Wenn sich X also am 1.4.2012 stellt, bestünde Verjährung mit Ablauf des 31.12.2015, da die Verjährungsfrist erst mit Ende des Jahres 2012 zu laufen beginnt, § 199 Abs. 1 BGB.

Da der Beginn der regelmäßigen Verjährungsfrist von den subjektiven Umständen einer Kenntnis abhängt, hat der Gesetzgeber kenntnisunabhängige Höchstfristen in § 199 Abs. 2, 3, 3a und 4 BGB vorgesehen, damit in jedem Fall irgendwann Verjährung eintritt. Diese Höchstfristen sind unabhängig von der Ultimo-Verjährung.

Beispiel

Wird die Täterschaft des X im Beispiel des Autounfalls nie festgestellt, beginnen die drei Jahre des § 195 BGB auch nie. Maximal nach 10 Jahren (§ 199 Abs. 3 S. 1 Nr. 1 BGB) wäre dann aber eine taggenaue Verjährung gegeben, sodass jedenfalls nach dem 1.10.2018 Verjährung eintreten würde.

Hemmung und Neubeginn der Verjährung

Allerdings tritt Verjährung nur dann ein, wenn der Gläubiger seinen Anspruch nicht rechtzeitig in bestimmter Form geltend macht. Folglich kann der Gläubiger den Eintritt der Verjährung auch verhindern.

Zunächst kann gemäß § 209 BGB eine Hemmung der Verjährung eintreten, sodass die Zeit der Hemmung nicht in die Verjährungszeit eingerechnet wird.

Eine Hemmung bewirkt insbesondere die Erhebung einer Klage, § 204 Abs. 1 Nr. 1 BGB. Hier endet die Hemmung sogar erst sechs Monate nach Beendigung des Verfahrens, § 204 Abs. 2 BGB.

> *Beispiel*
>
> *V hat an K am 31.10.2008 einen PKW zum Preis von 10.000 EUR verkauft. Hier tritt gemäß §§ 195, 199 Abs. 2 BGB Verjährung mit Ablauf des 31.12.2011 ein. Wenn V gegen K am 1.10.2011 Klage erhebt, wird die Verjährung gehemmt. Wenn V die Klage am 30.9.2012 zurücknimmt, beginnt die Verjährung erst wieder sechs Monate nach dem 30.9.2012, § 204 Abs. 2 BGB, sodass die Verjährung erst wieder mit dem 31.3.2013 einsetzt. Hier verbleiben aber noch die ursprünglichen zwei Monate Verjährungszeit aus 2011.*
>
> *Wird K vom zuständigen Landgericht am 30.9.2012 rechtskräftig zur Zahlung verurteilt, kommt es auf diese Berechnung nicht an, da nun ohnehin die taggenaue 30-jährige Verjährungsfrist des § 197 Abs. 1 Nr. 3 BGB eingreift.*

Ein wichtiger Fall der Hemmung ist auch § 203 BGB.

> **Merke**
>
> Verhandeln wird von der Rechtsprechung sehr weit gefasst, sodass jeglicher Meinungsaustausch über das Bestehen der Forderung zur Hemmung führt.

Zur Hemmung führt auch ein gerichtliches **Mahnverfahren** gemäß § 204 Abs. 1 Nr. 3 BGB.

Das Mahnverfahren ist ein besonderes gerichtliches Verfahren, geregelt in §§ 688–703d ZPO. Das Verfahren – ohne Anwaltszwang – setzt einen Antrag des Gläubigers an das zuständige Gericht voraus. Das Gericht erlässt bei Zulässigkeit des Antrags einen Mahnbescheid, der dem Schuldner zugestellt wird.

> **Merke**
>
> Das Gericht prüft dabei nur die Einhaltung bestimmter Formalia. Eine **inhaltliche** Prüfung, ob der Gläubiger den Anspruch berechtigt geltend macht, erfolgt **nicht**.

Der Schuldner kann nun entweder den Mahnbescheid akzeptieren oder binnen zwei Wochen Widerspruch beim Gericht erheben, natürlich ohne Angabe von Gründen, da das Gericht die Berechtigung des Antrags ohnehin nicht prüft. Erhebt der Schuldner keinen Widerspruch, kann der Gläubiger einen Vollstreckungsbescheid beim Gericht erwirken. Dieser Vollstreckungsbescheid steht einem Urteil gleich. Hiergegen kann der Schuldner ebenfalls binnen zwei Wochen Einspruch einlegen, andernfalls wird der Vollstreckungsbescheid rechtskräftig. Wenn der Schuldner sich wehrt, muss die Berechtigung des Anspruchs in einem normalen Gerichtsprozess geklärt werden.

Merke

Keinesfalls darf man das gerichtliche Mahnverfahren mit der Mahnung nach BGB (§ 286 BGB) verwechseln! Nur das gerichtliche Mahnverfahren hemmt die Verjährung, während eine Mahnung nach BGB auf den Ablauf der Verjährung **keinen** Einfluss hat! Also kann der Schuldner sich auf **Verjährung** berufen, auch wenn er nach BGB gemahnt wurde.

Ein Neubeginn der Verjährung – also der dann taggenaue erneute Lauf der ursprünglichen Frist – kann sich aus § 212 BGB ergeben. Wichtig sind hier der Fall des Anerkenntnisses und der Teilzahlung.

Beispiel

K schuldet V 1.000 EUR seit dem 1.10.2005 aus Kaufvertrag. Verjährung würde mit Ablauf des 31.12.2008 eintreten, §§ 195, 199 Abs. 1 BGB. Zahlt K am 1.11.2008 an V 100 EUR als Teilzahlung, beginnen die drei Jahre taggenau erneut am 1.11.2008. Das Gleiche gilt, wenn K mitteilt, er wisse um die Schuld, er bemühe sich um eine Zahlung, habe aber derzeit kein Geld (Anerkenntnis).

Schließlich führen auch gerichtliche Vollstreckungshandlungen zu einem Neubeginn.

Im Ergebnis kann also der Gläubiger, wenn er die entsprechenden Maßnahmen betreibt, den Eintritt der Verjährung beliebig lange hinauszögern. Verjährung tritt also nur bei einem in diesem Sinne untätigen Gläubiger ein.

Checkliste: Prüfung der Verjährung	
1. Welche Verjährungsfrist ist einschlägig?	✓
2. Wann beginnt diese Verjährungsfrist?	
3. Wurde die Verjährung gehemmt?	
4. Gab es einen Neubeginn der Verjährung?	

Eigentumserwerb, Sicherungsrechte und gutgläubiger Erwerb

Bewegliche Sachen

Das Eigentum an beweglichen Sachen wird gemäß §§ 929 ff. BGB erworben. Notwendig ist immer eine Einigung über den Eigentumsübergang sowie die Übergabe der Sache bzw. ein Ersatz für die Übergabe.

Die Übergabe ist als Realakt notwendig, um nach außen die Rechtsveränderung des Eigentums kenntlich zu machen. Sie kann ersetzt werden durch die Abtretung eines Herausgabeanspruchs, § 931 BGB, oder durch die Vereinbarung eines sogenannten Besitzkonstituts, § 930 BGB.

Beispiel

- *V verkauft an K eine Maschine, die sich noch bei X befindet, da V sie an X verliehen hatte. Statt einer Übergabe kann V auch seinen Herausgabeanspruch gegen X an den K abtreten.*
- *Wenn K nun seinerseits die Maschine nutzt, aber an seine Bank übereignen will (Sicherheit für ein Darlehen), kann er die Maschine gemäß § 930 BGB weiternutzen, aber mit der Bank ein Besitzmittlungsverhältnis vereinbaren.*

Folglich kann das Eigentum grundsätzlich nur von dem Berechtigten übertragen werden. § 185 BGB ermöglicht es jedoch, dass auch ein Nichtberechtigter Verfügungen treffen kann, nämlich mit Zustimmung des Berechtigten.

> *Beispiel*
>
> *Kaufmann K ermächtigt die Angestellte A, einen Ring an den Kunden gemäß §§ 929 S. 1, 185 BGB zu übereignen.*

Der Eigentumsvorbehalt

Große praktische Bedeutung besitzt der Eigentumsvorbehalt, geregelt in §449 BGB. Dabei wird die Übereignung gemäß §929 S. 1 BGB unter die aufschiebende Bedingung einer vollständigen Zahlung des Kaufpreises gestellt, die Sache aber bereits übergeben. Folglich kann der Käufer die Sache bereits nutzen, aber das Eigentum verbleibt bis zu der vollständigen Zahlung beim Verkäufer. Auch im Falle kollidierender AGB kann der Verkäufer einseitig den Eigentumsvorbehalt durchsetzen.

Wenn also etwa Gläubiger des Käufers auf die Sache zugreifen wollen, kann der Verkäufer das gemäß §771 ZPO verhindern und darauf verweisen, dass die Sache noch ihm gehört. Andererseits hängt der Eintritt der Bedingung ausschließlich vom Verhalten des Käufers ab, sodass dieser „es in der Hand hat", das Eigentum zu erhalten.

> **! Merke**
>
> Diese gesicherte Position des Käufers nennt man Anwartschaftsrecht.

Gemäß §449 BGB kann der Verkäufer die Sache daher nur nach einem Rücktritt, also beispielsweise bei einem Zahlungsverzug des Käufers, herausverlangen und nicht etwa gestützt auf sein bloßes Eigentumsrecht. Folglich steht dem Käufer auch im Insolvenzfall des Verkäufers das Recht zu, durch Zahlung des Kaufpreises das Eigentum zu erwerben, ohne dass dies von den Gläubigern des Verkäufers verhindert werden kann.

Damit der Käufer gegebenenfalls mit den Waren Geschäfte machen kann, gestattet der Verkäufer regelmäßig, dass die Ware im Rahmen eines ordnungsgemäßen Geschäftsgangs gemäß § 185 BGB an Dritte weiter übereignet werden darf. In diesen Fällen wird in der Regel dann aber die entstandene Kaufpreisforderung durch Abtretung gesichert (verlängerter Eigentumsvorbehalt).

Die Sicherungsübereignung

§ 930 BGB ermöglicht eine Art der Sicherung, bei der der Käufer im Besitz der Sache bleibt und sie weiterhin nutzen kann. Der Schuldner kann die Sache gemäß § 930 BGB übereignen, als Besitzmittlungsverhältnis dient das zugrundeliegende Schuldverhältnis.

> *Beispiel*
>
> *Die B-Bank hat X den Kauf einer Maschine finanziert. Zur Sicherung der Darlehensforderung, die X in Raten an B zahlt, kann nun X die Maschine gemäß § 930 BGB an B übereignen.*

Da man die Eigentumsverhältnisse einer Sache nicht sehen, sondern allenfalls den Besitz im Tatsächlichen feststellen kann, schützt das BGB in bestimmtem Umfang den gutgläubigen Erwerber. Dieser kann gemäß §§ 932 ff. BGB also auch Eigentum erwerben, wenn der Veräußerer gar nicht Eigentümer war. Grundvoraussetzung dafür ist, dass die Sache nicht abhandengekommen ist, § 935 BGB.

Definition Abhandenkommen

Abhandenkommen bedeutet den unfreiwilligen Verlust des unmittelbaren Besitzes.

> ### Beispiel
>
> *Wenn dem E eine Vase gestohlen wurde, kann niemand daran gutgläubig Eigentum erwerben. Hat aber V die Vase an X verliehen, kann X sie an einen gutgläubigen Dritten wirksam veräußern.*

Voraussetzung ist allerdings immer, dass der Erwerber hinsichtlich der (vermeintlichen) Eigentümerstellung des Veräußerers gemäß § 932 Abs. 2 BGB gutgläubig war. Das ist er dann, wenn er weder weiß, dass der Veräußerer nicht der Eigentümer ist noch hinsichtlich des fehlenden Eigentums grob fahrlässig gehandelt hat.

Definition Grobe Fahrlässigkeit

Grob fahrlässig handelt, wer jedermann in der konkreten Situation unmittelbar einleuchtende Sorgfaltsmaßstäbe außer Acht lässt, also besonders sorglos agiert.

> ### Beispiel
>
> - *Bei einem gebrauchten PKW sollte sich der Erwerber stets die Fahrzeugpapiere übergeben lassen, wenn er sich nicht dem Vorwurf der besonderen Sorglosigkeit aussetzen will. Auch der Verkauf zu einem erkennbar sehr günstigen*

> Preis an einem ungewöhnlichen Ort muss in der Regel
> Misstrauen hervorrufen.

- *V verkauft dem ihm unbekannten K nachts auf dem Bahn-*
  hofsvorplatz eine sehr wertvolle Uhr für 200 EUR. Hier
  muss sich dem K aufdrängen, dass V nicht der Eigentümer
  ist.

Zudem muss dem Erwerber der Gegenstand gemäß § 932 Abs. 1 BGB übergeben werden (Verschaffung des unmittelbaren Besitzes).

Aufgrund der Besonderheiten anderer Erwerbstatbestände (etwa § 933 BGB) verlangen die entsprechenden gutgläubigen Erwerbstatbestände, dass dem gutgläubig Erwerbenden der unmittelbare Besitz zukommt (§ 934 BGB).

Ein Sonderfall ist § 366 Abs. 1 HGB. Hier wird der gute Glaube an die Verfügungsmacht des § 185 BGB geschützt, wenn die Sache von einem Kaufmann veräußert wird.

Beispiel

L hat Ware unter Eigentumsvorbehalt an den Kaufmann K geliefert und gemäß § 185 BGB den K zu Verfügungen ermächtigt. Aufgrund eines Streits widerruft L nun diese Ermächtigung. Wenn K nun an seinen Kunden Z Ware über- eignen will, fehlt es ihm an der Verfügungsmacht gemäß §§ 185, 929 BGB. Zwar könnte Z das Eigentum gutgläubig nach §§ 929, 932 BGB erwerben.

Da Ware im Einzelhandel aber sehr häufig nicht dem Kauf- mann gehört, muss Kunde Z damit rechnen, dass die Ware einem anderen gehört. Somit könnte er gemäß § 932 Abs. 2 BGB bösgläubig sein. Dieses Problem löst § 366 HGB, da der Kunde Z nur hinsichtlich der Verfügungsmacht des K gutgläubig sein muss.

Unbewegliche Sachen

> **Merke**
>
> Eigentum an einzelnen Gebäuden gibt es in Deutschland grundsätzlich nicht. Das Gebäude steht gemäß § 94 Abs. 1 S. 1 BGB immer im Eigentum des Grundstückseigentümers.

Die Grundstücke sind entsprechend vermessen und rechtlich erfasst im sogenannten Grundbuch, das die Amtsgerichte jeweils für ihren Bezirk führen.

> **Merke**
>
> Im Grundbuch sind in drei sogenannten Abteilungen die Rechtsverhältnisse eines Grundstücks eingetragen, in Abteilung I z. B. der jeweilige Eigentümer.

Einen Sonderfall bildet das Wohnungseigentum, das im WEG geregelt ist. Hier wird der Erwerber von Sondereigentum automatisch zugleich Mitglied der jeweiligen Gemeinschaft der Wohnungseigentümer und erhält einen entsprechenden (in Bruchteilen ausgedrückten) Anteil am Grundstück, siehe § 1 Abs. 2 WEG. Entsprechendes ist im sogenannten Wohnungsgrundbuch verzeichnet.

> **Beispiel**
>
> *V gehört ein Mehrfamilienhaus in Berlin mit acht Wohnungen. Gemäß § 8 WEG kann er die acht Wohnungen*

im Wege der Teilung zu Sondereigentum erklären, wobei zu jeder einzelnen Wohnung dann auch ein Anteil am Gemeinschaftseigentum gehört. Es entsteht eine sogenannte Wohnungseigentümergemeinschaft, gebildet aus den Eigentümern der einzelnen Wohnungen.

Einigung und Auflassung

Grundstücke werden gemäß § 873 Abs. 1 BGB übertragen durch Einigung über den Eigentumsübergang und eine entsprechende Eintragung ins Grundbuch. Diese Einigung nennt man gemäß § 925 BGB Auflassung.

> *Merke*
>
> Grundstücke werden durch Auflassung und Eintragung ins Grundbuch übereignet!

Neben Gebäuden sind auch die in § 94 Abs. 1 BGB genannten Gegenstände wesentliche Bestandteile des Grundstücks.

Wegen § 94 Abs. 2 BGB werden auch wesentliche Bestandteile eines Gebäudes gemäß § 94 Abs. 1 BGB wesentliche Bestandteile eines Grundstücks. Es kommt zu einem Eigentumserwerb kraft Gesetzes.

Gemäß § 94 Abs. 2 BGB sind all die Sachen zur Herstellung eingefügt, ohne die das Gebäude nach der Verkehrsanschauung als unfertig angesehen würde.

> ### Beispiel
>
> *Fenster werden mit Einfügung in das Gebäude wesentliche Bestandteile, da das Gebäude ansonsten als unfertig angesehen würde.*

Immer zu beachten sind daneben die sogenannten Scheinbestandteile gemäß § 95 BGB, die nicht wesentliche Bestandteile werden.

An Grundstücken kann ebenfalls gutgläubig Eigentum erworben werden, allerdings nur gemäß **§ 892 BGB**, wenn der Nichtberechtigte fälschlich als Eigentümer im Grundbuch eingetragen war. Einen Sonderfall behandelt § 899a BGB für die Gesellschaft bürgerlichen Rechts.

Hypothek und Grundschuld

Weitere **Sicherungsmittel** für den Gläubiger bei Grundstücken bilden Hypothek und Grundschuld.

Die Hypothek wird gemäß § 1113 BGB für eine Forderung bestellt, sie ist also akzessorisch. Man muss folglich genau zwischen persönlicher Forderung und Hypothek trennen.

Die Hypothek gewährt einen Anspruch auf Duldung der Zwangsvollstreckung in das Grundstück, § 1147 BGB, aber keinen Anspruch auf Zahlung gegen den Grundstückseigentümer persönlich.

> ### Beispiel
>
> *S schuldet G aus Darlehen 50.000 EUR und bestellt eine Hypothek an seinem Grundstück. Aus der Hypothek kann nur in das Grundstück vollstreckt werden, während für die Darlehensforderung das gesamte Vermögen des S haftet.*

Die Übertragung der Hypothek geschieht durch Abtretung der gesicherten Forderung, § 1153 BGB.

> *Merke*
>
> - Die Hypothek ist ein Pfandrecht an einem Grundstück, das bei Erlöschen der gesicherten Forderung aber nicht untergeht, sondern in ein Eigentümergrundpfandrecht umgewandelt wird.
> - Die Hypothek gewährt dem Gläubiger einen Anspruch auf Duldung der Zwangsvollstreckung in das Grundstück.

Eine Grundschuld hingegen ist nicht akzessorisch, §§ 1191, 1192 BGB. Sie ist vom Bestand einer Forderung unabhängig.

> **Auf den Punkt gebracht**
>
> - Eine Hypothek ist akzessorisch, sie entsteht also nur, wenn auch eine Forderung besteht.
> - Eine Grundschuld ist hingegen nicht akzessorisch, sie ist vom Bestand einer Forderung unabhängig.

Das Recht der unerlaubten Handlungen

> **Beispiel**
>
> *X lauert dem K aus Rache mit einem Baseballschläger auf und verletzt ihn durch einen Schlag am Kopf. K muss für seine Heilbehandlung 5.000 EUR ausgeben. Diesen Betrag kann K von V insbesondere aus § 823 Abs. 1 BGB ersetzt verlangen.*

§ 823 Abs. 1 BGB

Die wichtigste Vorschrift des BGB im Recht der unerlaubten Handlungen ist § 823 Abs. 1 BGB. Diese Norm schützt allerdings nur bestimmte, sogenannte absolute Rechte und Rechtsgüter.

Geschützte Rechtsgüter

Definition Gesundheitsverletzung

Eine Gesundheitsverletzung ist das Hervorrufen oder Steigern eines pathologischen Zustands.

Definition Körperverletzung

Eine Körperverletzung ist eine üble und unangemessene Behandlung, durch die das körperliche Wohlbefinden nicht nur unerheblich beeinträchtigt wird.

Beispiel

Der Schlag mit dem Baseballschläger erfüllt beide Merkmale.

Definition Verletzung der Freiheit

Eine Verletzung der Freiheit bedeutet eine Einschränkung der körperlichen Bewegungsfreiheit.

Beispiel

V kettet den X an die Heizung.

Definition Eigentumsverletzung

Eine Eigentumsverletzung bedeutet neben der Verletzung der Sachsubstanz jeder Eingriff in die Befugnisse des Eigentümers.

Beispiel

K zertrümmert die Vase des X.

Im Rahmen der Eigentumsverletzung erkennt die Rechtsprechung auch sogenannte „weiterfressende Schäden" an (Lösung umstritten).

Beispiel

Im „Schwimmerschalter-Fall" war zunächst ein kleines Bauteil einer großen Maschine bei Lieferung der Maschine defekt. Später führte dieses Bauteil zur vollständigen Zerstörung der gesamten, ansonsten intakten Maschine. Damit wurde das Eigentum an der restlichen Maschine zerstört, weil zunächst nur ein kleiner, begrenzter Teil schadhaft war.

Die „sonstigen Rechte" müssen in ihrer Bedeutung den absolut geschützten Rechten gleichstehen, um von § 823 Abs. 1 BGB geschützt zu werden. Zu ihnen gehört insbesondere das **allgemeine Persönlichkeitsrecht**.

Beispiel

V nennt X öffentlich eine „ausgemolkene Ziege" und veröffentlicht im Internet heimlich von X gemachte Filmaufnahmen.

Anerkannt als sonstige Rechte sind aber etwa auch der berechtigte Besitz, der eingerichtete und ausgeübte Gewerbetrieb und der räumlich-gegenständliche Bereich der Ehe.

Widerrechtlichkeit

Wird eines der von § 823 Abs. 1 BGB geschützten Rechtsgüter verletzt, wird vermutet, dass die Verletzung auch widerrechtlich war (sehr umstritten).

Merke

Die Tatbestandsmäßigkeit indiziert die Rechtswidrigkeit.

Dies gilt allerdings nicht für die „sonstigen Rechte" im Rahmen des § 823 Abs. 1 BGB. Hier muss die Widerrechtlichkeit festgestellt werden (Lösung umstritten).

Eine Verletzung ist dann nicht widerrechtlich, wenn sie ausnahmsweise gerechtfertigt ist. Dafür kommt neben Notwehr (§ 227 BGB) vor allem auch eine **Einwilligung** des Betroffenen in Betracht.

> ### Beispiel
>
> - *X erlaubt dem Chirurgen C die Operation an der Hand, um ein Geschwür zu entfernen.*
> - *X nimmt an einem Fußballspiel teil und wird durch ein Versehen eines Mitspielers verletzt. Die Teilnahme am Spiel bedeutet hier eine Einwilligung in solche mit dem Spiel typischerweise verbundenen Verletzungen.*

Verschulden

Schließlich muss das Verhalten des Schädigers auch vorsätzlich oder fahrlässig gewesen sein (Vorsatz siehe oben).

Definition Fahrlässigkeit

Fahrlässigkeit liegt vor, wenn jemand die im Verkehr erforderliche Sorgfalt außer Acht lässt.

> ### Beispiel
>
> *X biegt mit seinem PKW auf die Straße und übersieht die Radfahrerin auf dem Radweg.*

Auf den Punkt gebracht

Bei § 823 Abs. 1 BGB prüft man zunächst

- die Rechtsgutsverletzung,
- dann die Widerrechtlichkeit
- und schließlich das Verschulden.

Schadensersatz

Als Rechtsfolge ergibt sich die Verpflichtung zum Schadensersatz, § 249 BGB. In der Regel wird es um Geldersatz gehen, § 250 BGB. Ersetzt werden müssen aber auch der entgangene Gewinn sowie immaterielle Schäden im Rahmen des § 253 Abs. 2 BGB (Schmerzensgeld).

Verkehrssicherungspflichten

Verkehrssicherungspflichten bestehen immer dann, wenn jemand einen Verkehr eröffnet oder in seinem Einflussbereich zu sichern hat. Hauptfälle sind etwa Ladeninhaber für ihre Geschäfte oder Wegeflächen, die von den Inhabern der Flächen zu streuen sind.

Im Rahmen von Verkehrssicherungspflichten müssen die Verpflichteten auch für ein Unterlassen einstehen. Zudem begründen Verkehrssicherungspflichten auch eine Einstehenspflicht für mittelbare Verletzungen.

> ### Beispiel
>
> *X gehört ein Haus. Er vergisst es, den Bürgersteig nach Schneefall zu streuen, weil er verschlafen hat. Die Rentnerin R stürzt auf dem Gehweg und verletzt sich.*
>
> *Hier hat X die R zwar nicht durch seine Handlung, sondern durch sein Unterlassen geschädigt. Dieses Unterlassen ist dem X aber vorzuwerfen. Er war verpflichtet, den Gehweg zu reinigen und hat das schuldhaft unterlassen.*

§ 1 Produkthaftungsgesetz

§ 1 ProdukthaftungsG ist eine eigenständige Anspruchsgrundlage für Schäden, die durch ein Produkt entstehen.
Entscheidend ist hier, dass für Produktfehler verschuldensunabhängig gehaftet wird und Schäden am gekauften Produkt
selbst nicht ersetzt werden – die sogenannten Weiterfres-
serschäden werden also nicht von § 1 ProdukthaftungsG
erfasst. Zu beachten ist zudem § 7 ProdukthaftungsG.

§ 831 BGB

Gemäß § 831 Abs. 1 BGB haftet der Geschäftsherr für Schäden, die seine Verrichtungsgehilfen anrichten. Solche Verrichtungsgehilfen müssen – anders als Erfüllungsgehilfen bei
§ 278 BGB – weisungsgebunden gegenüber dem Geschäfts-
herrn sein, also zum Beispiel als Mitarbeiter in dessen Betrieb
eingegliedert sein.

> *Merke*
>
> § 831 BGB ist damit die Anspruchsgrundlage gegen
> den Geschäftsherrn für unerlaubte Handlungen seiner
> Mitarbeiter.

Die Handlung des Verrichtungsgehilfen muss in Ausführung
der Verrichtung geschehen, also nicht nur bei Gelegenheit
der Verrichtung.

> **Beispiel**
>
> *Der Mitarbeiter überfährt auf dem Weg von zu Hause zu seiner Arbeit einen Dritten. Hierfür muss der Arbeitgeber nicht gemäß § 831 Abs. 1 BGB einstehen.*

Bei § 831 BGB kann der Geschäftsherr einer Haftung entgehen, wenn ihm die sogenannte **Exkulpation** gemäß § 831 Abs. 1 S. 2 BGB gelingt. Hierfür muss er beweisen, dass

- der Mitarbeiter sorgfältig ausgewählt wurde (Beispiel: Der eingestellte Dachdecker ist nicht schwindelfrei, dann war die Auswahl fehlerhaft.)

- und die Arbeitsleistungen regelmäßig überwacht werden (Beispiel: Der an sich tüchtige Dachdecker D trinkt regelmäßig Alkohol auf der Arbeit, was sein Arbeitgeber nicht bemerkt, weil er D nicht regelmäßig überprüft.).

Keine Haftung tritt ein, wenn der Mitarbeiter pflichtgemäß, also sorgfältig gehandelt hat.

§ 826 BGB

Gemäß § 826 BGB sind auch **reine Vermögensschäden** zu ersetzen. In der Praxis handelt es sich hierbei oft um Betrugsfälle.

Grundzüge des Bereicherungsrechts

Das Bereicherungsrecht verfolgt mit den §§ 812 ff. BGB das Ziel, ungerechtfertigte Vermögensverschiebungen rückabzuwickeln.

> **Merke**
>
> § 812 BGB enthält mehrere verschiedene Anspruchsgrundlagen.

Die Leistungskondiktion

Auszugehen ist zunächst von der sogenannten Leistungskondiktion, § 812 Abs. 1 S. 1 Alt. 1 BGB. Das setzt voraus, dass jemand etwas erlangt hat.

Definition Etwas erlangen

„Etwas erlangt" bedeutet jede Verbesserung der Vermögensposition.

> **Beispiel**
>
> - *K schleicht sich als „blinder Passagier" an Bord eines Schiffes und gelangt nach New York. Hier hat K die Beförderung erlangt, für die er ansonsten etwas hätte bezahlen müssen (Lösung streitig).*
> - *Mieter M überweist versehentlich die Miete zweimal. Hier hat der Vermieter die zweite Mietzahlung erlangt.*

Die Verbesserung der Vermögensposition muss durch Leistung geschehen.

Definition Leistung

Leistung ist jede bewusste und zweckgerichtete Mehrung fremden Vermögens. Maßgeblich für die Beurteilung ist der Empfängerhorizont (Lösung sehr umstritten).

Wenn jemand handelt, um einen (vermeintlichen) Vertrag zu erfüllen, liegt immer eine solche Leistung vor, denn der Handelnde denkt, er sei zu der Leistung verpflichtet. Auch bei einer irrtümlich vorgenommenen doppelten Mietzahlung liegt also eine Leistung vor.

Entscheidend ist schließlich, dass kein rechtlicher Grund vorlag. Dieser kann fehlen, weil etwa die Miete bereits bezahlt war. In einem solchen Fall gibt es keinen Rechtsgrund für den Empfänger, das Erlangte behalten zu dürfen.

Der Grund kann aber auch aus anderem Umstand fehlen.

Beispiel

K erklärt die Anfechtung seiner Willenserklärung. Dann ist diese gemäß § 142 BGB nichtig. Es gab von Anfang an keinen Vertrag.

Die Nichtleistungskondiktion

Seltener ist die sogenannte Nichtleistungskondiktion, § 812 Abs. 1 S. 1 Alt. 2 BGB.

> **Merke**
>
> Die Nichtleistungskondiktion ist nachrangig zur Leistungskondiktion.

Es ist also zunächst immer festzustellen, ob bereits eine Leistung erbracht wurde.

Dann ist dieses Rechtsverhältnis der Leistung vorrangig zu betrachten, da Leistungen immer innerhalb der jeweiligen Leistungsbeziehung rückgängig zu machen sind.

> **Beispiel**
>
> *K hat seiner Bank den Auftrag erteilt, an Z Geld zu überweisen. Kurz darauf widerruft K den Auftrag noch vor Beginn der Ausführung, was die Bank aus Unachtsamkeit nicht bemerkt. Hier kann die Bank das Geld nicht einfach von Z gemäß § 812 Abs. 1 S. 1 Alt. 2 BGB zurückverlangen, da sie gegenüber K eine Leistung erbringen wollte (Lösung umstritten).*

Auch bei der Nichtleistungskondiktion muss etwas erlangt worden sein, allerdings im Widerspruch zum Zuweisungsgehalt fremden Rechts. In der Praxis geht es meistens um den unberechtigten Eingriff in eine fremde Rechtssphäre, der durch die Nichtleistungskondiktion rückgängig gemacht wird.

> **Beispiel**
>
> *X benutzt unberechtigt die Wiese des V, um seine Tiere grasen zu lassen.*

§ 816 BGB – Verfügung eines Nichtberechtigten

Einen Sonderfall bildet § 816 BGB. Diese Vorschrift ermöglicht es dem Berechtigten, dem gegenüber eine Verfügung wirksam war, den entsprechenden Erlös zu erhalten.

> **Beispiel**
>
> *X leiht von B ein Buch und verkauft es an den gutgläubigen Z. Dieser wird nach §§ 929, 932 BGB Eigentümer des Buches. B kann aber den Kaufpreis gemäß § 816 Abs. 1 BGB von X herausverlangen.*

Der Empfänger muss das jeweils Erlangte herausgeben. Ist dies nicht möglich (siehe Beispiel Beförderung), muss er Wertersatz leisten, § 818 Abs. 2 BGB. Wenn der Empfänger nicht mehr bereichert ist, muss er auch nichts herausgeben, § 818 Abs. 3 BGB.

> **Beispiel**
>
> *X hat das versehentlich zu viel überwiesene Geld an einen Obdachlosen verschenkt.*

Allerdings besteht über §§ 818 Abs. 4, 292, 989, 990, 819 BGB im Ergebnis doch eine Rückgewährhaftung, wenn der Empfänger wusste, dass er die Leistung zu Unrecht erhalten hatte.

> **Beispiel**
>
> *X weiß, dass er eine Zahlung versehentlich doppelt erhalten hatte. In diesem Fall muss er die Leistung auch dann ersetzen, wenn er das Geld bereits anderweitig ausgegeben hat.*

Leistungsstörungen

Wenn eine der Parteien das aus dem Vertrag folgende Pflichtenprogramm nicht vollständig erfüllt, spricht man von Leistungsstörungen. Hier muss die Rechtsordnung auf diesen Umstand reagieren und gegebenenfalls eine Anpassung des Vertrags vorsehen.

> **Merke**
>
> Leistungsstörungen führen zu einer Anpassung des Vertrags an die neuen Gegebenheiten!

Vorvertragliche Leistungsstörungen

Zunächst kann eine solche Leistungsstörung bereits im Vorfeld des eigentlich angestrebten Vertrags auftreten.

> **Beispiel**
>
> *Kundin K stürzt im Supermarkt, weil der Inhaber des Geschäfts eine große Wasserpfütze nicht beseitigt hatte. Hier hatte die Kundin noch keinen Kaufvertrag geschlossen – der Unfall ereignete sich also im Vorfeld des Vertragsschlusses. Neben einem Anspruch aus § 823 Abs. 1 BGB sind §§ 311 Abs. 2 Nr. 2, 241 Abs. 2, 280 Abs. 1 BGB einschlägig:*
>
> *Schuldverhältnisse verpflichten zur Rücksichtnahme gemäß § 241 Abs. 2 BGB. Diese Rücksichtnahmepflicht besteht bereits vor Vertragsschluss. K entsteht also aus § 280 Abs. 1 BGB ein Anspruch auf Schadensersatz.*

Haftungsbegründend ist auch die Verletzung bestimmter vorvertraglicher **Aufklärungspflichten**. Naturgemäß treffen bei einem Vertragsschluss gegenläufige Interessen aufeinander: Der Anbieter will einen möglichst hohen Preis erzielen, der Nachfragende möglichst günstig einkaufen. Daher muss zunächst jede Seite auf ihre eigenen Belange Rücksicht nehmen und die andere Vertragspartei nicht ungefragt auf Bedenken hinweisen.

> *Beispiel*
>
> *V will an X ein gebrauchtes Auto verkaufen, das wegen seines hohen Alters und des damaligen Standes der Technik viel Benzin verbraucht. V muss allerdings nicht versuchen, den X unter Hinweis auf den bauartbedingt hohen Verbrauch von einem Kauf abzubringen. Wenn X das Auto kauft, kann er gegen V keine Ansprüche darauf stützen, V habe ihn nicht über den hohen Benzinverbrauch dieses Modells aufgeklärt.*

Die Grenze ist da erreicht, wo eine Partei in nicht mehr hinnehmbarer Weise ihre Pflichten zur Aufklärung verletzt.

> *Beispiel*
>
> *V und M verhandeln über die Anmietung von Geschäftsräumen. Da M eine bestimmte Deckenhöhe benötigt, befragt er V vor Einzug und Vertragsschluss zur Deckenhöhe. V sagt – fälschlich – eine Deckenhöhe von 3,50 m zu, obwohl er die Höhe nicht nochmals im gesamten Gebäude überprüft hat und sich nur an 3,50 m zu erinnern glaubt. Wenn M die Räume nun nicht nutzen kann, kann er von V Schadenersatz gemäß §§ 311 Abs. 2 Nr. 1, 241 Abs. 2, 280 Abs. 1 BGB verlangen, da V über die korrekte Deckenhöhe hätte aufklären müssen (Lösung umstritten).*

Ausnahmsweise können sich gemäß §§ 311 Abs. 3, 241 Abs. 2 Ansprüche auf Schadensersatz auch gegen einen Dritten richten.

> **Beispiel**
>
> *V möchte ein Auto verkaufen. Er schaltet S als seinen Stellvertreter ein, weil S mehr Ahnung von Autos hat. V weist S darauf hin, dass das Auto in keinem guten Zustand ist. S hingegen findet den Käufer K, schildert ihm aber das Auto in den „leuchtendsten Farben" und meint, er (S) finde das Auto als Kenner von Autos ganz toll und mangelfrei. Hier kann K ein Anspruch auf Schadensersatz gegen S erwachsen (gemäß §§ 311 Abs. 3, 241 Abs. 2, 280 Abs. 1 BGB), weil S besonderes Vertrauen in Anspruch genommen hat (§ 311 Abs. 3 S. 2 BGB), obwohl Vertragspartner des K ausschließlich V wird (Stellvertretung gemäß § 164 BGB).*

Unmöglichkeit

Die Erbringung der Leistung kann unmöglich sein. Unmöglichkeit liegt gemäß § 275 Abs. 1 BGB vor, wenn entweder der Schuldner nicht oder niemand die geschuldete Leistung erbringen kann.

Definition Unmöglichkeit

Unmöglichkeit liegt vor, wenn die geschuldete Leistung nicht (mehr) erbracht werden kann.

> *Beispiel*
>
> *Dem Schuldner wurde der verkaufte Wagen vor Ablieferung an den Käufer gestohlen. Hier kann der Schuldner nicht leisten, nur der Dieb könnte den Besitz verschaffen.*
>
> *V verkauft einen Zaubertrank, der übermenschliche Kräfte verleiht, an den leichtgläubigen X. Diese Leistung kann niemand erbringen.*

Bei einer Gattungsschuld muss – wenn nicht die ganze Gattung untergeht – gemäß § 243 Abs. 2 BGB Konkretisierung eingetreten sein, bevor Unmöglichkeit vorliegt. Konkretisierung setzt voraus, dass der Schuldner das zur Leistung seinerseits Erforderliche getan hat.

> *Beispiel*
>
> *V verkauft an K 2 kg Äpfel. Erst wenn V diese 2 kg gemäß § 243 Abs. 2 BGB ausgesondert hat (etwa zur Abholung in einer Tüte bereitstellt), ist Konkretisierung auf diese 2 kg Äpfel in einer Tüte eingetreten. Wenn nun die Tüte samt Inhalt zerstört wird, liegt Unmöglichkeit hinsichtlich dieser Äpfel vor.*

Unmöglichkeit kann bereits **von Anfang an** bestehen. Hier ist der Vertrag gleichwohl wirksam, § 311a Abs. 1 BGB. Der Vertragspartner bekommt jedoch ein Rücktrittsrecht bzw. einen Anspruch auf Schadensersatz statt der Leistung gemäß § 311a Abs. 2 BGB, wenn der Schuldner das Leistungshindernis bei Vertragsschluss erkannt oder fahrlässig nicht erkannt hatte.

Beispiel

V verkauft K einen gebrauchten PKW und geht davon aus, dass der PKW unfallfrei ist. Tatsächlich hatte der PKW einen Unfallschaden, was V mangels Sorgfalt nicht bemerkt hatte. Hier kann niemand aus dem Unfallwagen einen unfallfreien PKW herstellen – die Lieferung dieses gebrauchten PKW als unfallfrei ist von Anfang an unmöglich. Der Vertrag ist wirksam, K erwirbt gegen V Ansprüche aus § 311a Abs. 2 BGB (§ 437 Nr. 2 BGB).

Allerdings können die Parteien die Rechtsfolgen der Unmöglichkeit abbedingen. Wenn etwa K bewusst die Leistungen der Wahrsagerin W in Anspruch nimmt, obwohl K klar ist, dass es sich um einen Fall der objektiven Unmöglichkeit handelt, muss er gegebenenfalls die Wahrsagerin auch bezahlen (sofern nicht § 138 BGB eingreift) (Lösung umstritten).

Bei Unmöglichkeit entfällt gemäß § 275 Abs. 1 BGB der Anspruch auf die Leistung. Der Unmöglichkeit gleich steht es, wenn unverhältnismäßige Aufwendungen entstehen würden, § 275 Abs. 2 BGB.

Beispiel

V hat an K einen Ring verkauft. Der geschuldete Ring ist auf den Meeresboden gesunken.

Ferner kann die Leistungserbringung unzumutbar sein, § 275 Abs. 3 BGB.

Beispiel

Der Ehemann der Sängerin erkrankt plötzlich schwer, diese sagt ihren Auftritt ab.

Im Gegenzug zu § 275 Abs. 1 BGB geht auch der Anspruch auf die Gegenleistung unter, § 326 Abs. 1 BGB. Der Entfall ist Folge der Verknüpfung von Leistung und Gegenleistung, dem sogenannten **Synallagma**: Beide Parteien sind nur bereit, die ihnen obliegende Leistung zu erbringen, um die Gegenleistung zu erhalten. Die beiden Leistungen verhalten sich „wie zwei Seiten einer Medaille".

Wenn nun die eine Leistung entfällt, muss auch die Gegenleistung entfallen. Zudem bekommt der Gläubiger ein Rücktrittsrecht aus § 326 Abs. 5 BGB und kann gemäß § 326 Abs. 4 BGB eine etwa bereits erbrachte Leistung zurückfordern.

> ### Beispiel
>
> *V verkauft an K einen gebrauchten PKW. Noch bevor V dem K das Auto liefern kann, wird das ordnungsgemäß verschlossene Fahrzeug von Dieben gestohlen, die damit unerkannt verschwinden. Dann ist V die Übergabe des Fahrzeugs aus § 433 Abs. 1 S. 1 BGB gemäß § 275 BGB unmöglich geworden (nachträgliche Unmöglichkeit). Dann muss K das Auto aber auch nicht bezahlen (§ 326 Abs. 1 BGB). Hat K den Kaufpreis bereits gezahlt, kann er ihn gemäß §§ 326 Abs. 5, 346 Abs. 1, 349 bzw. §§ 326 Abs. 4, 346 Abs. 1 BGB zurückfordern.*

Demgemäß kann sich die Unmöglichkeit auch nach Vertragsschluss ergeben, wenn etwa der verkaufte PKW nach Vertragsschluss und vor Übergabe zerstört wird. Auch hier tritt eine Leistungsbefreiung nach § 275 Abs. 1 BGB ein.

Ausnahmsweise kann jedoch der Anspruch auf die Gegenleistung entgegen § 326 Abs. 1 BGB doch bestehen bleiben, etwa gemäß § 326 Abs. 2 BGB.

> **Beispiel**
>
> *K soll bei V das gekaufte gebrauchte Klavier am 12.12. vereinbarungsgemäß abholen. K vergisst den Termin und gerät dadurch in Annahmeverzug gemäß §§ 293, 296 BGB. Nun wird das Klavier durch einen Blitzschlag zerstört.*
>
> *Dann hat V den Untergang nicht zu vertreten. K muss das Klavier gemäß § 326 Abs. 2 BGB bezahlen.*

Weitere Ausnahmen zu § 326 Abs. 1 BGB bilden §§ 446, 447 BGB. Bei § 447 BGB ist jedoch § 475 Abs. 2 BGB zu beachten.

Annahmeverzug

Der Annahmeverzug ist in den §§ 293 ff. BGB geregelt. Der Grundgedanke besteht darin, dass der Schuldner bei der Vornahme von Leistungshandlungen regelmäßig der Mitwirkung des Gläubigers bedarf.

> **Beispiel**
>
> *V soll an K ein Klavier liefern. Zur Übergabe und Übereignung muss K mitwirken, indem er das Klavier annimmt.*

Wenn K das Klavier nun nicht annimmt, gerät er in Annahmeverzug. Das setzt gemäß § 294 BGB grundsätzlich ein tatsächliches Angebot voraus. Bisweilen reicht gemäß §§ 295, 296 BGB aber auch weniger.

Die Rechtsfolge des Annahmeverzugs besteht darin, dass zunächst der Schuldner gemäß § 304 BGB Ersatz seiner Mehraufwendungen beanspruchen kann.

Gravierende Folgen können sich aber ergeben, wenn der Sache etwas passiert. Dabei ist insbesondere § 300 Abs. 1 BGB zu beachten.

Beispiel

V verkauft an K einen gebrauchten Fernseher. Abgemacht wird, dass K den Fernseher am 1.10. um 15 Uhr abholen soll. K teilt mit, er werde nicht kommen, weil er den Fernseher nun doch nicht bezahlen könne. Daraufhin lässt V den Fernseher durch zwei Mitarbeiter zur Seite stellen. Diese stolpern über einen am Boden liegenden Schraubendreher, der kurz zuvor einem anderen Mitarbeiter aus der Hand gefallen war. Der Fernseher wird zerstört.

Hier kann V den Fernseher nicht mehr liefern, § 275 Abs. 1 BGB. Gemäß § 326 Abs. 1 würde dann auch die Pflicht zur Kaufpreiszahlung entfallen. Allerdings greift hier § 326 Abs. 2 BGB ein: K war gemäß §§ 296, 298 BGB in Annahmeverzug. Den Untergang des Fernsehers hat V gemäß §§ 276, 278 BGB nicht zu vertreten. Zwar haben seine Mitarbeiter fahrlässig gehandelt gemäß § 276 Abs. 2 BGB, aber nicht grob fahrlässig. Aufgrund der Haftungsmilderung gemäß § 300 Abs. 1 BGB muss V nur für grobe Fahrlässigkeit einstehen. Folglich hat V den Untergang nicht zu vertreten und K muss den Fernseher bezahlen.

Merke

Bei unmöglicher Leistung entfällt der Anspruch auf die Leistung, der Vertrag ist aber wirksam.

Das Rücktrittsrecht

Rücktrittsrechte räumt das BGB an verschiedenen Stellen ein, zum Beispiel in § 326 Abs. 5 BGB oder § 323 Abs. 1 BGB. Die Gesetzessystematik ist dabei stets gleich:

> **Merke**
>
> Wenn das BGB ein Rücktrittsrecht einräumt, richten sich die Rechtsfolgen des Rücktritts nach §§ 346 ff. BGB.

Danach sind gemäß § 346 Abs. 1 BGB die empfangenen Leistungen und gezogene Nutzungen (§ 100 BGB) zurückzugewähren.

> **Beispiel**
>
> *K ist mit dem gekauften PKW vor Rücktritt 1.000 km gefahren. Diese Nutzungen muss er ersetzen.*

Falls noch keine Leistungen erbracht wurden, erlöschen die noch nicht erfüllten Leistungspflichten.

Soweit eine Rückgewähr der Leistungen in natura nicht möglich ist (M hat für K Arbeitsleistungen erbracht, die gemäß § 346 Abs. 1 BGB zurückgewährt werden müssen), ordnet § 346 Abs. 2 BGB eine Wertersatzpflicht in den dort genannten Fällen an. Wertersatz wird jedoch nicht für die bestimmungsgemäße Ingebrauchnahme geschuldet, § 346 Abs. 2 S. 1 Nr. 3 BGB.

> **Beispiel**
>
> *K kann von einem Kaufvertrag über einen Neuwagen zurücktreten und muss nun den PKW herausgeben. Allein durch die Zulassung des PKW hat dieser erheblich an Wert verloren, da es sich um keinen Neuwagen mehr handelt. Dennoch muss K diesen Wertverlust nicht ersetzen, da es sich um die bestimmungsgemäße Verwendung eines PKW handelt, wenn der Käufer ihn zum Straßenverkehr zulässt.*

Schließlich wird auch kein Wertersatz in den Fällen des § 346 Abs. 3 BGB geschuldet. § 346 Abs. 3 BGB bildet damit Ausnahmetatbestände zu der Verpflichtung, Wertersatz zu leisten, in § 346 Abs. 2 BGB.

Wichtig ist insbesondere § 346 Abs. 3 S. 1 Nr. 3 BGB, wodurch bei eigenüblicher Sorgfalt des Rücktrittsberechtigten kein Wertersatz zu leisten ist. Eigenübliche Sorgfalt findet gemäß § 277 BGB ihre Grenze in der groben Fahrlässigkeit.

> **Beispiel**
>
> *K kann vom Kaufvertrag über ein Handy zurücktreten. Er hat das Handy seit dem Kauf bis zum Rücktritt in der Hosentasche getragen und dadurch dem Gehäuse einige Kratzer zugefügt. Aus § 346 Abs. 2 S. 1 Nr. 2 BGB ergäbe sich eine Wertersatzpflicht für diese Kratzer. Diese entfällt aber gemäß § 346 Abs. 3 S. 1 Nr. 3 BGB. K hat das Handy nicht besonders sorglos, sondern nur wie alle seine Sachen behandelt. Die Grenze der groben Fahrlässigkeit (§ 277 BGB) wird nicht überschritten.*

Gemäß § 346 Abs. 4 BGB kann der Herausgabeverpflichtete unter Umständen auf Schadensersatz in Anspruch genommen werden, und zwar dann bei jeder Form des Verschuldens. Um einen Wertungswiderspruch zu § 346 Abs. 3 BGB zu vermeiden, darf § 346 Abs. 4 BGB aber nur dann angewendet werden, wenn der Rücktritt zum Zeitpunkt des haftungsauslösenden Umstandes entweder bereits erklärt war oder der Rücktrittsberechtigte anderweitig Kenntnis von dem Rücktrittsrecht hatte. Ansonsten bleibt es bei der Regelung des § 346 Abs. 2, 3 BGB (Lösung umstritten). Zu beachten ist ferner § 475 Abs. 3 S. 1 BGB als **Sonderregelung** zu § 439 Abs. 5 BGB. Diese schützt den Verbraucher als Käufer.

Beispiel

K hatte in dem Handy-Beispiel (oben) bis zu der Erklärung des Rücktritts keine Veranlassung, das Handy besonders vor Kratzern zu schützen, denn es handelt sich um „sein" Handy.

Sobald K aber weiß, dass er das Handy an V aufgrund eines Rücktritts zurückgeben muss (§ 346 Abs. 1 BGB), muss er darauf besser aufpassen. Denn nun handelt es sich wirtschaftlich um ein „fremdes" Handy, das an V zurückgelangen muss. Wenn K das Handy nun zerstört und nicht mehr zurückgeben kann, ist eine Haftung auf Schadensersatz gegeben, §§ 346 Abs. 4, 280 Abs. 1, 283 BGB.

Der Rücktritt muss gemäß § 349 BGB erklärt werden. Es reicht hierbei aus, wenn das Rückgabeverlangen deutlich gemacht wird. Der Begriff „Rücktritt" muss nicht verwendet werden.

> **!** *Merke*
>
> Der Rücktritt ist verschuldensunabhängig und wandelt das Schuldverhältnis in ein Rückgewährschuldverhältnis um.

Schadensersatz statt der Leistung

Das Gesetz gewährt in manchen Normen einen Anspruch auf Schadensersatz statt der Leistung, zum Beispiel bei § 311a Abs. 2 BGB; §§ 280, 283 BGB; §§ 281, 280 BGB. Allen diesen Vorschriften ist gemeinsam, dass ein Vertretenmüssen des Schuldners gegeben sein muss – anders als beim Rücktritt!

> **!** *Merke*
>
> Beim Schadensersatz statt der Leistung wird der Gläubiger wirtschaftlich so gestellt, als wenn ordnungsgemäß erfüllt worden wäre.

> *Beispiel*
>
> *Der von V an K verkaufte Gebrauchtwagen wird einen Tag vor Lieferung an K vom Hof des V gestohlen, obwohl er ordnungsgemäß verschlossen und gegen Diebstahl gesichert war. Hier liegt zwar eine nachträgliche Unmöglichkeit vor, § 275 Abs. 1 BGB. K muss den Kaufpreis gemäß § 326 Abs. 1 BGB nicht mehr bezahlen und kann einen etwa bereits geleisteten Kaufpreis gemäß §§ 326 Abs. 4, 346 Abs. 1 BGB*

bzw. §§ 326 Abs. 5, 346 Abs. 1 BGB zurückfordern. Einen Anspruch auf Schadensersatz gemäß §§ 280, 283 BGB erhält K jedoch nicht. Denn das würde nach § 280 Abs. 1 BGB eine Pflichtverletzung und ein Verschulden des V voraussetzen. Selbst wenn man die Nichtlieferung durch V als Pflichtverletzung auffassen will, fehlt es an einem Verschulden des V gemäß § 276 BGB: V hat den Diebstahl weder vorsätzlich noch fahrlässig herbeigeführt.

Wenn ein Anspruch auf Schadensersatz statt der Leistung besteht, ist der Geschädigte so zu stellen, als wenn ordnungsgemäß erfüllt worden wäre.

Beispiel

K hat gegen V einen Anspruch auf Schadensersatz statt der Leistung für einen verkauften PKW. Wenn nun K den PKW mit einem Gewinn von 500 EUR hätte weiterverkaufen können, muss V dem K diesen Betrag ersetzen, § 252 BGB.

Anstelle eines Anspruchs auf Schadensersatz statt der Leistung kann der Gläubiger auch **Ersatz seiner Aufwendungen** verlangen, § 284 BGB. Diese Norm setzt aber voraus, dass überhaupt ein solcher Anspruch auf Schadensersatz statt der Leistung gegeben ist.

Hier kann der Geschädigte die nutzlosen Aufwendungen verlangen. Das gilt aber nicht, wenn diese Aufwendungen ohnehin sinnlos gewesen wären.

Beispiel

Kunde K fährt zu Verkäufer V, um die gekaufte Vase abzuholen. Wenn nun die Vase durch ein Verschulden des V zerstört wird, kann K seine Fahrtkosten ersetzt verlangen, da er diese nur im Vertrauen auf den Erhalt der Ware getätigt hatte, §§ 280, 283, 284 BGB.

Im Falle der nachträglichen Unmöglichkeit greift § 283 BGB.

Der praktisch häufigste Fall für Schadensersatz statt der Leistung ist §§ 281 Abs. 1, 280 Abs. 1 BGB: Hier wird dem Schuldner vergeblich eine Frist zur Leistung gesetzt.

Nach fristlosem Ablauf der Frist kann der Gläubiger Schadensersatz statt der Leistung verlangen.

> **Merke**
>
> § 281 i. V. m. § 280 BGB ist die zentrale Anspruchsgrundlage für Schadensersatz statt der Leistung!

Verzug

Wenn der Schuldner in Verzug kommt, kann der Gläubiger gemäß §§ 280 Abs. 1, 2, 286 BGB Ersatz des Verzögerungsschadens verlangen. Dazu gehören insbesondere Verzugszinsen, deren Höhe § 288 BGB i. V. m. § 247 BGB bestimmt.

Zu beachten ist § 288 Abs. 2 BGB mit der Sonderregelung für Nicht-Verbraucher.

Häufig geht es auch um die Kosten der Rechtsverfolgung: Wenn der Schuldner im Verzug ist, muss er dem Gläubiger die Kosten erstatten, die etwa durch die Beauftragung eines Rechtsanwalts, Inkassobüros oder durch gerichtliche Geltendmachung der Forderung entstehen.

> ### Merke
>
> Verzug kann eintreten, wenn die versprochene Leistung schuldhaft nicht zur rechten Zeit erfolgt.

Die Voraussetzungen für den Verzug regelt § 286 BGB. Grundsätzlich kommt der Schuldner durch eine Mahnung in Verzug, § 286 Abs. 1 BGB. Die Mahnung soll dem Schuldner vor Augen führen, dass er nun leisten muss („gelbe Karte").

Definition Mahnung

Mahnung ist eine ernstliche und eindeutige Aufforderung, die Leistung nunmehr zu erbringen.

Unabhängig von einer Mahnung kommt der Schuldner gemäß § 286 Abs. 2 BGB unter den dort genannten Voraussetzungen in Verzug, insbesondere dann, wenn eine Frist vertraglich bestimmt war: Wird eine Lieferung am 1.10.2008 vereinbart, dann tritt sofort mit Ablauf des 1.10.2008 Verzug ein.

Ferner ist eine Mahnung entbehrlich, wenn der Schuldner die Leistung verweigert. Hier muss die Weigerung des Schuldners als „letztes Wort" zu verstehen sein.

Beispiel

S schuldet V 1.000 EUR. Er teilt V mit, dass er sich überlegen werde, ob er zahlen wolle. Das ist keine endgültige Leistungsverweigerung. Wenn S dem V allerdings mitteilt, er solle ihn doch verklagen, wenn er Geld haben wolle, wäre hierin eine endgültige Leistungsverweigerung zu sehen.

Unabhängig von § 286 Abs. 1, 2 BGB tritt gemäß § 286 Abs. 3 BGB 30 Tage nach Erhalt der Rechnung Verzug ein, wobei ein Verbraucher als Schuldner auf diese Rechtsfolge hingewiesen werden muss. § 286 Abs. 3 S. 2 BGB, der nur für Unternehmer gilt, ist so zu lesen, dass auch Fälle erfasst werden, in denen umstritten ist, ob überhaupt eine Rechnung zugegangen ist.

Beispiel

V hat an Unternehmer K am 1.10.2008 einen Bagger geliefert. K behauptet, er habe eine Rechnung dafür nie erhalten. In diesem Fall tritt auch ohne Mahnung 30 Tage nach dem 1.10.2008 Verzug ein (Lösung umstritten).

Ein Verschulden des Schuldners ist Voraussetzung, § 286 Abs. 4 BGB. Daran fehlt es etwa, wenn der Lieferant von dem Hersteller selbst nicht pünktlich beliefert wurde. Im Übrigen muss der Schuldner alle notwendigen Leistungsanstrengungen unternehmen.

Beispiel

S muss um 17 Uhr an einem bestimmten Ort sein. Dann muss S so zeitig losfahren, dass er den Ort auch unter normalen Umständen erreichen kann.

Nichterbringung der Leistung oder Schlechtleistung

Wenn die Leistung nicht erbracht wird, kann der Gläubiger gemäß § 323 Abs. 1 BGB eine Frist zur Leistungserbringung setzen. Die Fristsetzung ist in den Ausnahmefällen des § 323 Abs. 2 BGB entbehrlich. Die Frist soll dem Schuldner eine letzte Chance bieten, nunmehr die Leistung zu erbringen. Wenn der Schuldner dann noch immer nicht leistet, kann der Gläubiger vom Vertrag zurücktreten mit der Rechtsfolge des § 346 BGB.

Unabhängig davon (vgl. § 325 BGB) kann der Gläubiger Schadensersatz statt der Leistung gemäß §§ 281, 280 Abs. 1, 3 BGB verlangen. Auch hier muss dem Schuldner gemäß § 281 Abs. 1 BGB eine Frist gesetzt werden, die nur unter den engen Ausnahmen des § 281 Abs. 2 BGB entbehrlich ist. Im Unterschied zum Rücktritt sind hier jedoch gemäß § 280 Abs. 1 BGB eine Pflichtverletzung und ein Vertretenmüssen gemäß § 276 BGB notwendig.

Schließlich können auch Schäden bei Leistungserbringung entstehen, für die dann gemäß §§ 280 Abs. 1, 241 Abs. 2 BGB Schadensersatz zu leisten ist.

Beispiel

Der Malermeister M soll die Decke des K streichen. Dabei beschädigt er mit seiner Leiter aus Unachtsamkeit die Haustür. Für diesen Schaden muss M aus §§ 280 Abs. 1, 241 Abs. 2 BGB sowie § 823 Abs. 1 BGB einstehen.

Falls die Leistung insgesamt unzumutbar wird durch die Verletzung von Nebenpflichten, erwächst ein Rücktrittsrecht aus § 324 BGB bzw. ein Anspruch auf Schadensersatz statt der Leistung aus §§ 282, 280 Abs. 1, 3 BGB. Vorausgesetzt wird aber grundsätzlich eine **Abmahnung**.

> **Beispiel**
>
> *Der Malermeister zerstört am Montag die Haustür und beschädigt am Dienstag ein Fenster. Hier kann der Kunde – nach einer Abmahnung – die gesamte Leistung ablehnen, falls der M noch weitere Sachen beschädigt.*

Außerdem ergibt sich ein Anspruch aus § 280 Abs. 1 BGB bei allgemeinen Pflichtverletzungen, die nicht besonders im BGB geregelt sind.

> **Beispiel**
>
> *Steuerberater S vergisst es, rechtzeitig eine Steuererklärung für den Mandanten M abzugeben. Durch die Fristversäumnis entsteht M ein Schaden. Hier muss S aus § 280 Abs. 1 BGB Schadensersatz leisten.*

Gemäß § 278 BGB wird das Verschulden von Erfüllungsgehilfen zugerechnet.

Definition Erfüllungsgehilfe

Erfüllungsgehilfe ist jeder, der in den Pflichtenkreis des Schuldners zur Erfüllung seiner Vertragspflichten von diesem wissentlich eingeschaltet wird. Dazu ist keine Weisungsgebundenheit erforderlich.

> **Beispiel**
>
> *Die Mitarbeiter M1 und M2 des Malermeisters X beschädigen aus Unachtsamkeit die Möbel des Kunden (fahrlässig gemäß § 276 Abs. 2 BGB). Dieses Verschulden wird X als eigenes Verschulden gemäß § 278 BGB zugerechnet, und zwar ohne Möglichkeit eines Entlastungsbeweises wie bei § 831 BGB.*

Wegfall der Geschäftsgrundlage

Den Wegfall der Geschäftsgrundlage regelt § 313 BGB. Danach kann Vertragsanpassung verlangt werden, wenn sich im Sinne von § 313 BGB die Umstände geändert haben.

Beispiel

Fußballspieler F wechselt gegen eine Ablöse von Verein V zu Verein Z. Kurz darauf wird F gesperrt, weil er sich von Mitspielern hatte bestechen lassen. Mit dieser Sperre konnte Verein Z weder rechnen noch stammt sie aus dem üblichen Risikobereich bei Ablösezahlungen. Z kann gemäß § 313 BGB vorgehen.

Sachmängelgewährleistung bei Kaufvertrag

Gewährleistung nennt man die gesetzlichen Rechte des Käufers bei einem Mangel der gekauften Sache, gemeint sind also alle Rechte des Käufers bei einem Mangel der gekauften Sache. Auszugehen ist von § 433 Abs. 1 S. 2 BGB.

Sachmangel und Rechtsmangel

Den Sachmangel definiert § 434 BGB. Laut § 434 Abs. 1 S. 1 BGB kommt es zunächst auf die Vereinbarungen der Parteien an.

Beispiel

V und K vereinbaren, dass der zu liefernde Bagger 500 kg Last heben kann. Wenn der Bagger nur eine Höchstlast von

480 kg aufweist, liegt ein Mangel vor, auch wenn der Bagger ansonsten einwandfrei funktioniert.

Liegt keine solche Vereinbarung vor, muss sich die Sache für die nach dem Vertrag vorausgesetzte Verwendung nach § 434 Abs. 1 S. 2 Nr. 1 BGB eignen.

Beispiel

V verkauft an K ein Auto, das mit einem Spoiler versehen ist. Aufgrund des Spoilers verweigert die Zulassungsbehörde die Zulassung. Hier liegt ein Mangel nach § 434 Abs. 1 S. 2 Nr. 1 BGB vor, da K mit einem Auto ohne Zulassung im öffentlichen Straßenverkehr nichts anfangen kann.

In letzter Linie kommt es auf die gewöhnliche Beschaffenheit an, § 434 Abs. 1 S. 2 Nr. 2 BGB. Maßgeblich sind die Erwartungen eines Durchschnittskäufers an eine Sache dieser Art und Güte.

Beispiel

V verkauft an K einen gebrauchten PKW, 10 Jahre alt, Laufleistung 130.000 km. K entdeckt nach Übergabe diverse Schrammen am PKW. Hier dürfen angesichts des Fahrzeugalters Schrammen vorhanden sein, denn damit rechnet ein Durchschnittskäufer.

Ein Rechtsmangel wird von § 435 BGB definiert.

Beispiel

V verkauft an K ein Hausgrundstück. Ohne Wissen des K hatte V die Wohnung an Mieterin M vermietet. Die Vermietung bildet einen Rechtsmangel.

Alle Rechte eines Käufers sind ausgeschlossen nach § 442 BGB, wenn er den Mangel kennt oder grob fahrlässig in Unkenntnis ist – falls keine Arglist beim Verkäufer vorliegt und keine Garantie übernommen wird.

Rechte des Käufers bei Mängeln

Der Käufer kann bei einem Mangel gemäß §§ 437 Nr. 1, 439 BGB Nacherfüllung verlangen. Der Verkäufer bekommt also eine zweite Chance zur Andienung mangelfreier Ware.

Merke

Bei einem Mangel kann der Käufer grundsätzlich nur Nacherfüllung verlangen. Er kann zwischen Neulieferung und Nachbesserung wählen (§ 439 Abs. 1 BGB). Dieses Recht ist grundsätzlich das **einzige** Recht des Käufers bei einem Mangel!

Mit der Beseitigung des Mangels oder Neulieferung ist der Vertrag ordnungsgemäß erfüllt. Die Kosten der Mängelbeseitigung trägt nach § 439 Abs. 2 BGB der Verkäufer. Außerdem trägt dieser etwaige weitere Kosten im Rahmen des § 439 Abs. 3 BGB.

Nur wenn diese Nacherfüllung nicht wie geplant verläuft, ergeben sich weitere Rechtsfolgen.

> **!** *Merke*
>
> Bei einem Scheitern der Nacherfüllung kann der Käufer zurücktreten bzw. gegebenenfalls Schadensersatz verlangen.

Zum einen kann der Verkäufer nach § 439 Abs. 4 BGB die gewählte Art der Nacherfüllung verweigern.

> *Beispiel*
>
> *K hat eine Armbanduhr von V gekauft, Wert 10 EUR. Nun verlangt K wegen eines Mangels Reparatur, für die V 150 EUR aufwenden müsste. Hier kann V die Nacherfüllung gemäß § 439 Abs. 4 BGB verweigern und stattdessen eine neue Uhr liefern.*

Zum anderen kann eine Art der Nacherfüllung unmöglich nach § 275 Abs. 1 BGB sein.

> *Beispiel*
>
> *Der verkaufte Gebrauchtwagen weist einen Getriebeschaden auf. Dann kann das Fahrzeug ohnehin nur repariert, nicht neu geliefert werden. Wenn das als unfallfrei verkaufte Fahrzeug einen Unfallschaden aufweist, ist sogar jedwede Nachbesserung unmöglich, da sowohl Neulieferung als auch Reparatur ausscheiden – das Fahrzeug bleibt ein Unfallwagen.*

Das Rücktrittsrecht ergibt sich dann aus § 437 Nr. 2 BGB i. V. m. einer der dort genannten Vorschriften.

Es kann sein, dass der Verkäufer auf das Nachbesserungsverlangen nicht reagiert. Dann kann der Käufer gemäß § 323

Abs. 1 BGB eine Frist zur Nachbesserung setzen und nach Fristablauf den Rücktritt erklären. Beim Verbrauchsgüterkauf ist das reine Nachbesserungsverlangen ausreichend (str.). § 323 Abs. 1 BGB bildet damit das wesentliche Bindeglied zwischen den Rechten des Käufers gemäß § 437 Nr. 1 und § 437 Nr. 2 BGB.

Bei Unmöglichkeit ergibt sich das Rücktrittsrecht aus §§ 437 Nr. 2, 326 Abs. 5 BGB und bei Verweigerung beider Arten der Nacherfüllung nach **§ 439 Abs. 4 BGB** aus § 440 BGB. Im letzteren Fall ist aber § 475 Abs. 4 BGB zu beachten.

Statt eines Rücktritts steht dem Käufer auch das Recht der Minderung zu, §§ 437 Nr. 2, 441 BGB. Dazu müssen aber alle Voraussetzungen eines Rücktrittsrechts gegeben sein. Der Verkäufer muss den nach § 441 Abs. 4 BGB zu viel gezahlten Kaufpreis an den Käufer erstatten. Die Berechnung der Minderung ergibt sich aus § 441 Abs. 3 BGB, sodass der Kaufpreis verhältnismäßig zu verringern ist.

Schließlich können sich auch Ansprüche auf Schadensersatz gemäß § 437 Nr. 3 BGB ergeben. Hierbei ist zu beachten, dass alle dort genannten Anspruchsgrundlagen grundsätzlich ein Verschulden des Verkäufers voraussetzen.

Daran fehlt es in der Praxis oft, wenn die Ware lediglich weiterverkauft wurde.

Beispiel

V hat an K einen Toaster verkauft, den V seinerseits beim Hersteller H bezogen hatte. Wenn der Toaster einen Defekt in Form eines technischen Mangels aufweist, trifft V daran kein Verschulden. Ansprüche auf Schadensersatz scheiden in diesem Fall aus.

Bei entsprechender Vereinbarung sind alle Rechte des Käufers bei einem Mangel ausgeschlossen, § 444 BGB, soweit nicht der Verkäufer hinsichtlich des Mangels arglistig gehandelt oder eine Garantie übernommen hat.

> *Beispiel*
>
> *Bei einer Internetversteigerung verkauft Verbraucher V an Verbraucher K einen Toaster. Wenn V bei der Angebotsbeschreibung alle Rechte des Käufers aus Mangelgewährleistung ausgeschlossen hatte und K dem zustimmt, stehen K keine Rechte aus §§ 437 ff. BGB zu.*

Garantie

Im Rahmen der Garantie übernimmt der Verkäufer oder ein Dritter eine Einstandspflicht für eine bestimmte Haltbarkeit oder Beschaffenheit der Sache, § 443 BGB. Die Rechte im Garantiefall bestimmen sich dann ausschließlich nach dem Inhalt dieses Garantievertrags. Ein solcher Garantievertrag tritt selbstständig neben die Rechte aus Gewährleistung. Sonderregelungen enthält § 479 BGB.

> *Merke*
>
> Auf keinen Fall darf man Garantie und Gewährleistung verwechseln.

Definition Garantie

Garantie ist eine freiwillige Leistung eines Dritten oder des Verkäufers, während die Sachmängelgewährleistung im BGB geregelt ist und jedenfalls bei einem Verbrauchsgüterkauf zwingend vorgeschrieben ist.

Verjährung

Für die Verjährung findet sich in § 438 BGB eine Sonderregelung. Es gelten die dort genannten Fristen für eine Verjährung, die gemäß § 438 Abs. 2 BGB mit der Ablieferung der Sache taggenau beginnen.

Bei Arglist gilt über § 438 Abs. 3 BGB die regelmäßige Verjährungsfrist von drei Jahren (§ 195 BGB) als Ultimo-Verjährung mit dem Beginn nach § 199 BGB, also mit der entsprechenden Kenntnis.

§ 438 Abs. 4 BGB bezieht sich auf ein Rücktrittsrecht des Käufers. Da ein Rücktrittsrecht als Gestaltungsrecht nicht verjähren kann, kann sich nach § 218 BGB ein Ausschluss des Rücktrittsrechts ergeben. Dafür gelten die Fristen des § 438 BGB entsprechend.

Verbrauchsgüterkauf

Besonderheiten gelten für den Verbrauchsgüterkauf nach § 474 Abs. 1 BGB.

> **Merke**
> Bei dem Verbrauchsgüterkauf wird der Verbraucher besonders geschützt.

Ist der Käufer Verbraucher i. S. v. § 13 BGB, können ihm die wesentlichen Rechte aus § 437 BGB nicht entzogen werden, § 476 Abs. 1 BGB. Auch die Verjährung darf nicht auf weniger als zwei Jahre bei neuen Sachen, bei gebrauchten Sachen nicht auf weniger als ein Jahr verkürzt werden (§ 476 Abs. 2 BGB). Damit dem Verkäufer kein Nachteil aus der zwingenden Regelung entsteht, kann er sich gemäß §§ 445a, 445b, 478 BGB an seinen Verkäufer halten, wobei §§ 445a, 445b BGB auch außerhalb des Verbrauchsgüterkaufs gelten.

Beispiel

Unternehmer U verkauft an Verbraucher K einen PKW. U kann die Gewährleistung nicht ausschließen (§ 476 Abs. 1 BGB). Hat U dem K einen neuen PKW geliefert und muss nun Gewähr leisten gemäß § 437 Nr. 1 BGB, kann er gemäß §§ 445a, 478 BGB Ansprüche gegen seinen Lieferanten geltend machen.

§ 477 BGB ergänzt die Rechte des Käufers. Während der ersten sechs Monate wird grundsätzlich vermutet, dass ein auftretender Mangel bereits bei Gefahrübergang vorhanden war. Der Käufer muss allerdings den Mangel beweisen. Dann reicht es auch aus, wenn die Mangelursache bereits bei Lieferung gelegt war. Die Vermutung greift nicht in den in § 477 BGB genannten Sonderfällen ein.

Beispiel

Unternehmer V verkauft an Verbraucher K einen gebrauchten PKW. Wenn der PKW nun nach drei Monaten aufgrund eines Zylinderschadens liegen bleibt, muss V beweisen, dass der PKW bei Übergabe an K weder den Defekt hatte noch die Ursache des Defekts gelegt war.

*Nach Ablauf von sechs Monaten muss hingegen K im Streit-
fall beweisen, dass der Defekt bereits ursächlich bei Übergabe angelegt war. Ist hingegen nach vier Monaten eine Tür an
dem Fahrzeug eingedrückt, kann K sich nicht auf die Vermutung des § 477 BGB stützen: Eine eingedrückte Tür wäre ihm
gleich bei dem Kauf aufgefallen, die Vermutung des § 477
BGB ist mit der Art dieses Mangels nicht vereinbar. Hier muss
also nach der Art des Mangels differenziert werden.*

Checkliste: Prüfung der Rechte des Käufers:	
1. Liegt ein Mangel gemäß §§ 433 Abs. 1 S. 2, 434 oder 435 BGB vor?	✓
2. Dem Käufer steht vorrangig ein Nacherfüllungsanspruch aus §§ 437 Nr. 1, 439 BGB zu, es sei denn, die Nacherfüllung ist ausgeschlossen, wird verweigert oder erfolgt trotz Fristsetzung nicht. Die Kosten trägt der Verkäufer.	
3. Dem Käufer steht je nach Situation ein Rücktrittsrecht zu (§ 437 Nr. 2 BGB).	
4. Je nach Situation ergibt sich ein Anspruch auf Schadensersatz (§ 437 Nr. 3 BGB) – Achtung: Vertretenmüssen erforderlich!	

Widerrufsrechte

An einigen Stellen ermöglicht es das BGB einer Vertragspartei, sich einseitig – gegen den Willen der anderen Vertragspartei – durch Erklärung eines Widerrufs gemäß § 355 BGB von einem Vertrag zu lösen. Weil geschlossene Verträge grundsätzlich von beiden Seiten einzuhalten sind, ist dies nur dann möglich, wenn das BGB **ausdrücklich** ein Widerrufsrecht einräumt, das auf § 355 BGB verweist.

> *Merke*
>
> Widerrufsrechte bestehen **nur dann**, wenn das BGB sie ausdrücklich einräumt.

Vorkommen von Widerrufsrechten

Bei den Widerrufsrechten handelt es sich meistens um Fälle des Verbraucherschutzes, zum Beispiel §§ 312g, 495, 650i BGB. Entscheidend ist für den Gesetzgeber regelmäßig, dass der Verbraucher den Unternehmer bei einem Rechtsgeschäft nicht kennt (§ 312c BGB) oder zumindest weniger Informationen über den Vertragsgegenstand hat als dieser. Zudem soll der Verbraucher oftmals vor überraschenden Situationen geschützt werden. Das Widerrufsrecht wird bisweilen aber ausgeschlossen, etwa §§ 312 Abs. 2, 312g Abs. 2 BGB.

> **Beispiel**
>
> *Verbraucher V kauft von Unternehmer U an der Haustür eine Heizdecke für 100 EUR. Hier besteht ein Widerrufsrecht gemäß §§ 312b, 312g BGB.*

Rechtsfolgen des Widerrufs

Wenn ein Widerrufsrecht besteht, kann der Verbraucher gemäß §§ 355 Abs. 1, 357 Abs. 1 BGB seine Leistung durch Widerruf zurückerlangen. Entscheidend ist, dass der Verbraucher nach § 355 Abs. 2 BGB fristgemäß widerruft.

Die Widerrufsfrist beträgt grundsätzlich zwei Wochen. Den Beginn regeln insbesondere §§ 356 Abs. 2, 3, 356a, 356b, 356c, 356e BGB

Vor allem bei § 356 Abs. 2 BGB ist der Zeitpunkt der Belehrung entscheidend. Wenn keine ordnungsgemäße Belehrung erteilt worden ist, erlischt das Widerrufsrecht nur gemäß § 356 Abs. 4 BGB. Für die Form der Belehrung gilt Art. 246a § 1 Abs. 2 S. 1, 2 EGBGB. Im Falle des Widerrufs gilt § 357 BGB.

Gemäß § 357 Abs. 1, 5, 6 BGB ist der Verbraucher in den dort genannten Grenzen zur Rücksendung verpflichtet. Außerdem kann dem Verbraucher gemäß § 357 Abs. 7 BGB eine Pflicht zum Wertersatz für die bestimmungsgemäße Ingebrauchnahme auferlegt werden. Ergänzend enthält § 312d BGB für Fernabsatzverträge besondere Regelungen.

Außerdem ist § 312d BGB im Fernabsatz zu beachten, der besondere Pflichten für den Unternehmer vorsieht. Wichtig ist hier auch § 312f BGB.

§ 358 BGB behandelt die sogenannten verbundenen Verträge. Hier muss der Verbraucher besonders geschützt werden, weil rechtlich zwei selbstständige Verträge vorliegen, sich diese aber wirtschaftlich als eine Einheit darstellen. Der Verbraucher wäre ohne die §§ 358, 359 BGB also gezwungen, sich mit zwei verschiedenen Vertragspartnern auseinanderzusetzen. Das soll gemäß §§ 358, 359 BGB in den dort genannten Grenzen vermieden werden.

> *Beispiel*
>
> *Verbraucher V kauft bei Unternehmer U einen PKW, der durch die Vermittlung des U bei einer Bank finanziert wird. Hier liegt ein verbundenes Geschäft vor: Ein Widerruf des Darlehens beseitigt auch den Kaufvertrag. Ansonsten wäre eine Ausübung des Widerrufsrechts für den Verbraucher nicht sinnvoll möglich, da er gleichwohl dann den Kaufpreis – diesmal ohne Finanzierung! – begleichen müsste.*

Abtretung

Bedeutung

Häufig soll im Wirtschaftsleben der Inhaber einer Forderung ausgewechselt werden. Das geschieht durch Abtretung gemäß § 398 BGB.

> **Merke**
>
> Die Abtretung ist ein Verfügungsgeschäft! **!**

Schuldnerschutz

Der Schuldner ist an der Abtretung nicht beteiligt, es handelt sich um ein Rechtsgeschäft zwischen dem bisherigen Inhaber der Forderung (Zedent) und dem neuen Inhaber (Zessionar).

> **Beispiel**
>
> *V fordert von X aus Darlehen 10.000 EUR. V kann diese Forderung ohne Beteiligung des X gemäß § 398 BGB an Z abtreten. Dann ist Z Inhaber der Forderung und X muss an ihn zahlen.*

Dann muss der Schuldner geschützt werden, wenn er von der Abtretung nichts weiß. Diese Aufgabe übernehmen die §§ 404, 406 und 407 BGB.

> **Beispiel**
>
> *Die Forderung des V war verjährt. Dann kann X dies gemäß §§ 404, 214 BGB auch dem Z entgegenhalten.*
>
> *X hat sich nach der Abtretung mit V auf eine Ratenzahlung geeinigt. X wusste nichts von der Abtretung. Dann kann X auch Z gegenüber auf Ratenzahlung bestehen.*

Aber: Nicht jede Forderung kann abgetreten werden.

> **Beispiel**
>
> *K hat gegen X einen Anspruch auf Gebrauchsüberlassung an einer Wiese. Diesen Anspruch kann er aufgrund von § 399 BGB nicht abtreten.*

Schuldübernahme

Gewissermaßen das Gegenstück zur Abtretung bildet die Schuldübernahme. Hier wird der Schuldner ausgewechselt. Das darf aber nicht gegen den Willen des Gläubigers geschehen, sodass die §§ 414, 415 BGB seine Mitwirkung sicherstellen. Hier wird der bisherige Schuldner frei, es besteht nur noch ein Schuldverhältnis zwischen dem Gläubiger und dem neuen Schuldner.

Nicht geregelt im BGB ist der Schuldbeitritt. Hier tritt jemand einer bereits bestehenden Schuld als weiterer Schuldner bei. Es entsteht eine Gesamtschuld zwischen dem bisherigen Schuldner und dem beitretenden Schuldner.

> ### Merke
>
> Der Schuldbeitritt ist im BGB nicht geregelt. Er lässt grundsätzlich eine Gesamtschuldnerschaft entstehen.

In diesem Fall entstehen häufig Abgrenzungsprobleme zur Bürgschaft. Dann muss der Wille des Erklärenden ausgelegt werden, wobei aber im Zweifel von einer Bürgschaft auszugehen ist.

> ### Beispiel
>
> *S erklärt unüberlegt, für die Schuld seines Freundes F bei G „einstehen zu wollen". Als Bürgschaft wäre diese Erklärung mündlich gemäß den §§ 125 S. 1, 766 BGB ohne Folgen. Ein Schuldbeitritt wäre dagegen auch formfrei wirksam. Mangels anderer Anhaltspunkte ist jedoch nicht davon auszugehen, dass S der Schuld wirklich wirksam beitreten wollte.*

Wichtige Schuldverhältnisse

Das Bürgschaftsrecht

Bei der Bürgschaft muss der Bürge für eine fremde Schuld einstehen, § 765 BGB. Wenn der eigentliche Schuldner (der sogenannte Hauptschuldner) nicht zahlen kann, kann sich der Gläubiger an den Bürgen halten.

> **Merke**
>
> Den Vertrag schließen also Bürge und Gläubiger, gehaftet wird jedoch nur für die Forderung zwischen Hauptschuldner und Gläubiger (sogenannte Akzessorietät der Bürgschaft).

> **Beispiel**
>
> *Mieterin M mietet eine Wohnung von V. Die Eltern der M verbürgen sich gegenüber V für die Mietverbindlichkeiten der M.*

Wegen der Gefährlichkeit dieses Rechtsgeschäfts für den Bürgen, der von der Bürgschaft regelmäßig keinen Vorteil hat, fordert das BGB die **Schriftform**, § 766 BGB.

Der Bürge kann verlangen, dass der Gläubiger zunächst versucht, sein Geld vom Hauptschuldner zu erhalten. Wenn dort nichts zu erlangen ist, kann der Bürge in Anspruch genommen werden. Sobald der Bürge zahlt, bekommt er im Gegenzug die Forderung und kann nun versuchen, das Geld beim Hauptschuldner wiederzuerlangen (§ 774 BGB).

Bei einer sogenannten selbstschuldnerischen Bürgschaft muss der Bürge hingegen zahlen, ohne dass der Gläubiger zunächst versuchen muss, das Geld beim Hauptschuldner im Wege der Klage zu erhalten (§ 771 BGB).

Im Geschäftsleben gibt es noch die sogenannte „**Bürgschaft auf erstes Anfordern.**" Hier muss der Bürge zahlen, sobald ihn der Gläubiger dazu auffordert, ohne dass es inhaltlich auf die Berechtigung der Forderung ankäme. Gegebenenfalls muss der Bürge das Geld in einem Prozess vom Gläubiger zurückfordern, falls er Einwände gegen die Berechtigung der Inanspruchnahme hat.

Im Bürgschaftsrecht wehrt sich der Bürge häufig gegen seine Inanspruchnahme, indem er behauptet, die übernommene Bürgschaft sei nach § 138 BGB sittenwidrig.

> *Merke*
>
> Die Thematik der Sittenwidrigkeit spielt eine große Rolle bei Bürgschaften naher Angehöriger, die oft aus emotionaler Verbundenheit übernommen werden, obgleich der Bürge finanziell nicht leistungsfähig ist. Hier kann der Bürgschaftsvertrag nichtig sein.

Werkvertrag

Definition Werkvertrag

Bei einem Werkvertrag schuldet der Werkunternehmer dem Werkbesteller einen Erfolg, § 631 BGB.

Beispiel

M bittet den Uhrmachermeister U darum, die defekte Uhr zu reparieren.

Die Bezahlung wird gemäß § 641 BGB erst fällig mit der Abnahme des Werkes gemäß § 640 BGB. Die Abnahme besitzt daher im Werkvertragsrecht zentrale Bedeutung.

Häufig werden etwa bei Bauwerken komplexe Abnahmeprotokolle erstellt, vgl. § 650g BGB.

Definition Abnahme

Abnahme ist die Entgegennahme des Werkes mit der Billigung als im Wesentlichen vertragsgemäß.

Bisweilen muss der Besteller aber auch bezahlen, ohne das Werk zu erhalten, nämlich in den Fällen der §§ 644, 645 BGB, die eine Gefahrtragungsregel enthalten.

Der Besteller erhält im Werkvertragsrecht ähnliche Rechte bei einem Mangel des Werkes wie der Käufer, siehe § 634 BGB. Auch hier gilt ein Stufenverhältnis, sodass der Besteller zunächst Nacherfüllung gemäß § 635 BGB verlangen muss.

! *Merke*

Indes liegt bei § 635 BGB das Wahlrecht zwischen Mangelbeseitigung und Neuherstellung beim Unternehmer.

Spezialregelungen zur Verjährung von solchen Mängelansprüchen enthält § 634a BGB. Mängelrechte des Bestellers können in dem von § 639 BGB zugelassenen Umfang ausgeschlossen bzw. eingeschränkt werden.

Besonderheiten gelten für den Bauvertrag (§ 650a BGB), etwa zur Abnahme gem. § 640 Abs. 2 BGB oder zu Rechten bei Mängeln, § 650g BGB.

Soweit es um Werkverträge geht, die die Errichtung eines Bauwerkes zum Gegenstand haben, sind in der Praxis die **Vergabe- und Vertragsordnungen für Bauleistungen** (VOB) zu beachten.

Teil A der VOB regelt die Vergabe von Aufträgen durch die öffentliche Hand, Teil C enthält technische Bestimmungen für die Ausführung. Teil B enthält jeweils in Form von Allgemeinen Vertragsbedingungen einen auf die Besonderheit der zu erbringenden Leistungen abgestellten, einigermaßen ausgewogenen Ausgleich der Interessen der Beteiligten. Besonderheiten regelt daher § 310 Abs. 1 S. 3 BGB.

> ### Merke
>
> Die VOB/B sind weder Rechtsnorm noch Handelsbrauch, sondern müssen zwischen den Parteien als Bestandteil des Vertrags vereinbart werden. Privatpersonen ist deshalb auch die Gelegenheit zur Kenntnisnahme des Textes zu geben, wenn die VOB/B Vertragsbestandteil werden sollen.

§ 650 BGB schließlich schreibt für den Kauf neu herzustellender beweglicher Sachen – mit gewissen Modifikationen – die Anwendung des Kaufrechts vor.

Mietvertrag

Mietverträge besitzen eine große Alltagsbedeutung. Es handelt sich hierbei um Dauerschuldverhältnisse.

Definition Mietvertrag
Der Mietvertrag ist gemäß §§ 535 ff. BGB als zweiseitiger Vertrag auf die zeitweilige Gebrauchsüberlassung gegen Geld und anschließende Rückgabe angelegt.

Mietgegenstand können bewegliche und unbewegliche Sachen, Sachgesamtheiten oder Teile von Sachen sein.

Der Vermieter ist verpflichtet, den Gebrauch des Mietgegenstandes zu gewähren und diesen zu erhalten.

Bei einem Mangel entfällt bzw. verringert sich gemäß § 536 BGB die Pflicht zur Mietzahlung. Zudem stehen dem Mieter u. U. gemäß § 536a BGB Ansprüche auf Schadensersatz gegen den Vermieter zu. § 536a BGB greift erst mit Überlassung der Mietsache (sehr streitig).

Allerdings wird die Instandhaltungspflicht (Schönheitsreparaturen) im Mietvertrag zumeist dem Mieter auferlegt. Das ist grundsätzlich auch in Form von AGB möglich. Allerdings gelten dabei strenge Maßstäbe zugunsten des Mieters.

Beispiel
Vermieter V sieht in den AGB des Mietvertrags vor: „Die Wohnung muss bei Mietende renoviert werden." Eine solche Klausel ist unwirksam gemäß § 307 BGB: M wäre gezwungen, die Wohnung in jedem Fall zu renovieren, auch wenn vielleicht gar kein Renovierungsbedarf besteht.

Der Mieter ist primär verpflichtet, die vereinbarte Miete und die vereinbarten Nebenkosten zu zahlen. Nach Beendigung muss er die Mietsache zurückgeben.

> ### Merke
>
> Für Sach- und Rechtsmängel der Mietsache haftet der Vermieter jedenfalls im Rahmen der Minderung auch ohne Verschulden, §§ 536 ff. BGB. Bei einer nicht unerheblichen Beeinträchtigung des Gebrauchs wird die Miete automatisch gemindert. Zudem kann der Mieter nach Maßgabe des § 536a BGB Schadensersatz verlangen.

Das Mietverhältnis endet durch

- einverständlichen Aufhebungsvertrag,

- ordentliche fristgemäße Kündigung,

- fristlose Kündigung

- oder durch Zeitablauf bei einem befristeten Vertrag.

Die Fristen der Kündigung regelt § 573c BGB. Bei Wohnraum muss für eine Kündigung des Vermieters zudem ein **berechtigtes Interesse** gemäß §§ 573 ff. BGB vorliegen, also etwa Eigenbedarf.

Häufig streiten die Parteien sich über die Berechtigung von Mieterhöhungen. Der Vermieter kann die Miete bei Wohnraum nur in den Grenzen des § 558 BGB erhöhen oder bei einer Modernisierung des Wohnraums, § 559 BGB.

Der Mieter muss der Erhöhung zustimmen gemäß § 559 BGB.

> *Beispiel*
>
> *V hat an M Wohnräume vermietet und verlangt eine Mieterhöhung. M weigert sich. Dann muss V Klage gegen M auf Zustimmung zur Mieterhöhung erheben, wenn er die Erhöhung weiterhin durchsetzen will.*

Darlehensvertrag

Die §§ 488 ff. BGB behandeln das praxisrelevante Gelddarlehen. Bei einem Verbraucherdarlehensvertrag gelten gemäß § 491 BGB ergänzend die §§ 492–498 BGB als Verbraucherschutzvorschriften.

Wenn kein Rückzahlungstermin vereinbart ist, hängt die Fälligkeit der Rückzahlung von einer Kündigung ab. Die Kündigung kann ordentlich oder außerordentlich erfolgen.

In der Praxis hat vor allem das Kündigungsrecht aus § 490 Abs. 1 BGB Bedeutung, wenn die Sicherheit an Werthaltigkeit verliert.

Definition Darlehensvertrag

Durch einen Darlehensvertrag wird der Darlehensgeber verpflichtet, dem Darlehensnehmer einen Geldbetrag in der vereinbarten Höhe zur Verfügung zu stellen. Der Darlehensnehmer ist verpflichtet, den Geldbetrag entweder bei vereinbarter Fälligkeit oder Kündigung zurückzuzahlen. Zudem muss er etwaig vereinbarte Zinsen entrichten.

Finanzierungsleasing

Beim Leasing unterscheidet man Operating-Leasing und Finanzierungsleasing.

Operating-Leasing ist eine fortentwickelte Miete, auf die allein Mietrecht anzuwenden ist. Der Leasinggeber überlässt hierbei das angeschaffte Leasinggut zu mehrfacher Nutzung. Dabei trägt der Leasingnehmer aber die Gefahr des Untergangs des Leasinggutes und gegebenenfalls die Wartungskosten.

Beim Finanzierungsleasing erwirbt der Leasinggeber nach Absprache mit dem Leasingnehmer einen längerfristig nutzbaren Gegenstand. Diesen verleast er an den Leasingnehmer und tritt als Finanzierungsinstitut auf. Auf diese Weise entsteht eine Finanzierung ohne Kreditgewährung, weil der Hersteller an den Leasinggeber verkauft.

Der Vorteil für den Leasingnehmer liegt neben Ersparnis beim Eigenkapitaleinsatz in der steuerlichen Berücksichtigung aller Zinszahlungen als Betriebsausgabe. Wirtschaftlich entspricht damit das Leasinggeschäft für den Leasingnehmer weitgehend einem Teilzahlungskauf.

Die mietrechtlichen Gewährleistungsansprüche des Leasingnehmers gegenüber dem Leasinggeber werden regelmäßig vertraglich ausgeschlossen. Stattdessen erhält der Leasingnehmer alle Gewährleistungsrechte gegenüber dem Hersteller aus Kaufvertrag.

Grundbegriffe des Handelsrechts

Das Handelsrecht wird ausführlich im „HGB Crashkurs" dargestellt. Hier sollen daher lediglich die Begriffe „Kaufmann" und „Firma" kurz vorgestellt werden.

Der Begriff des Kaufmanns

Kaufmann ist gemäß § 1 Abs. 1 HGB zwingend jeder, der ein Handelsgewerbe betreibt.

§ 1 Abs. 2 HGB setzt dazu zunächst ein Gewerbe voraus.

Definition Gewerbe

Gewerbe ist jede selbstständige, planmäßige, auf eine gewisse Dauer angelegte, nach außen gerichtete Tätigkeit in Gewinnerzielungsabsicht, die nicht freiberuflich ist.

Beispiele

- *Arbeitnehmer als Angestellte betreiben kein Gewerbe.*
- *Steuerberater S betreibt als Freiberufler kein Gewerbe.*

Nach § 1 Abs. 2 HGB muss das Gewerbe aber noch eine kaufmännische Einrichtung erfordern. Das Vorhandensein einer kaufmännischen Einrichtung wird dabei vermutet.

Die Frage der kaufmännischen Einrichtung ist anhand verschiedener Indizien anhand des Gesamtgepräges zu beurteilen. Notwendig ist eine hinreichende Professionalität.

Verschiedene Kriterien sind dabei zu berücksichtigen:

- Umsatz

- Mitarbeiterzahl

- Lagerhaltung

- Notwendigkeit von Buchhaltung

- Kreditgeschäfte.

Auszugehen ist zunächst vom Umsatz. Liegt dieser über ca. 250.000 EUR p. a., ist in der Tendenz von einer kaufmännischen Einrichtung auszugehen, darunter eher nicht. Ergänzend sind die weiteren genannten Merkmale des Betriebs heranzuziehen. Aus der **Gesamtschau** dieser Umstände ist zu ermitteln, ob eine kaufmännische Einrichtung notwendig ist oder nicht.

Checkliste zum Kaufmann:	
1. Liegt ein Gewerbe vor?	✓
2. Wie hoch ist der Umsatz?	
3. Sprechen die anderen Kriterien für oder gegen die Notwendigkeit einer kaufmännischen Einrichtung?	
4. Wie ist das Gesamtgepräge?	

Beispiel

Der Betreiber einer Döner-Bude mit einem monatlichen Umsatz von 10.000 EUR ist regelmäßig kein Kaufmann.

Merke

Kaufmann ist kraft Gesetzes jeder, der ein Handelsgewerbe betreibt.

Daneben gelten die §§ 2–7 HGB.

Die Firma des Kaufmanns

Jeder Kaufmann muss gemäß § 18 HGB eine Firma bilden und nach der Eintragung im Handelsregister im Geschäftsverkehr benutzen. Nicht-Kaufleute (etwa Freiberufler oder GbR) dürfen hingegen mangels Kaufmannseigenschaft nur eine Geschäftsbezeichnung benutzen.

Definition Firma

Firma ist der Handelsname des Kaufmanns.

Grundsätzlich darf jeder als passend erscheinende Name gewählt werden, sofern dieser

- zur Kennzeichnung geeignet ist
- Unterscheidungskraft besitzt und
- keine irreführenden Angaben enthält (§§ 18 Abs. 2, 19 HGB).

Zulässig sind Personen-, Sach-, Fantasie- und Firmenmischformen.

Beispiel

Wenn X nicht promoviert ist, darf er nicht „Dr. X e. K." als Firma auswählen, da dies irreführend wäre.

Der Firma ist die Kaufmannseigenschaft (e. K.) bzw. der Hinweis auf die Gesellschaftsform (z. B. GmbH) hinzuzufügen. Diese Grundsätze sind zwingend.

Einführung in das Gesellschaftsrecht

Das Gesellschaftsrecht ist eine Querschnittsmaterie: Die Regelungen zu den Gesellschaften finden sich im BGB, HGB und in Spezialgesetzen wie etwa dem GmbHG oder AktG.

Im Wirtschaftsleben spielen Gesellschaften eine sehr zentrale Rolle.

Definition Gesellschaft

Gesellschaften sind grundsätzlich freiwillige Zusammenschlüsse auf dem Gebiet des Privatrechts von grundsätzlich mindestens zwei Personen, die einen gemeinsamen Zweck erreichen wollen.

Beispiel

A und B sind die Erben des E. Eine solche Erbengemeinschaft ist keine Gesellschaft, da der Zusammenschluss nicht freiwillig erfolgt.

Merke

Fundamental ist die Unterscheidung zwischen Personengesellschaften und juristischen Personen.

Juristische Personen treten mit wirksamer Gründung rechtlich vollkommen selbstständig neben ihren Gründungsgesellschaftern auf, sie sind eigenständige Rechtssubjekte.

Die Personengesellschaften sind hingegen – obwohl auch rechts- und parteifähig – deutlich weniger verselbstständigt gegenüber ihren Gesellschaftern. Hier besteht eine größere Rückbindung an die Gesellschafter, siehe etwa § 721 BGB.

Wichtig ist diese Unterscheidung auch im Steuerrecht: Kapitalgesellschaften sind selbst Steuersubjekte der Körperschaftssteuer, während Gewinne aus einer Personengesellschaft einheitlich und gesondert festgestellt und auf der Ebene des individuellen Steuersatzes der Mitunternehmer versteuert werden (veranlagte Einkommensteuer).

Bei der Gründung einer Gesellschaft sind mithin neben haftungsrechtlichen Überlegungen auch die Ausgestaltung der betriebswirtschaftlichen Anforderungen und die steuerrechtlichen Auswirkungen zu bedenken.

Darüber hinaus gilt bei der Gründung ein „numerus clausus" der Gesellschaften.

Zwar stehen – von wenigen Ausnahmen abgesehen – alle Rechtsformen für jeden verfolgten Zweck zur Verfügung, es muss jedoch zum Schutze des Rechtsverkehrs eine der vom Gesetzgeber vorgegebenen Rechtsformen gewählt werden.

Beispiel

A und B gründen eine Gesellschaft bürgerlichen Rechts. Folglich können sie nicht als „Gesellschaft bürgerlichen Rechts mit beschränkter Haftung" am Markt auftreten, da dies die Rechtsformen unzulässig vermischt.

Allerdings steht den Gründern innerhalb der EU zusätzlich auch jede in einem Mitgliedsland der EU anerkannte

Rechtsform grundsätzlich zur Auswahl. Das folgt aus der Niederlassungsfreiheit innerhalb der EU.

> **Beispiel**
>
> *Die deutschen Staatsbürger A und B aus Hamburg gründen eine limited nach englischem Gesellschaftsrecht mit Sitz in Hamburg. Diese Gesellschaft darf auch in Deutschland tätig werden und wird hinsichtlich des für sie maßgeblichen Gesellschaftsrechts nach englischem Recht (Rechnungslegung, Haftung der Gesellschaft, Stammkapital etc.) beurteilt.*

Allen Gesellschaften liegt eine Treuepflicht der Gesellschafter zugrunde, die Rücksicht auf die Belange der Gesellschaft nehmen müssen.

Gründung und Beendigung

Bei allen Gesellschaften ist zur Gründung ein Gesellschaftsvertrag notwendig. Dieser kann mündlich geschlossen werden, falls nicht besondere Formvorschriften bestehen, wie etwa in § 7 PartGG oder § 3 GmbHG.

> **Beispiel**
>
> *A und B können mündlich eine Gesellschaft bürgerlichen Rechts vereinbaren.*

Gesellschafter können grundsätzlich alle natürlichen Personen, aber auch Personengesellschaften oder juristische Personen sein.

> **Beispiel**
>
> *Frau A, die D & E OHG und die X-GmbH können zusammen die A, X-GmbH OHG gründen.*

Auch Geschäftsunfähige oder beschränkt Geschäftsfähige können Gesellschafter sein, müssen sich bei der Gründung aber rechtswirksam vertreten lassen, wozu es regelmäßig auch der Zustimmung des Vormundschaftsgerichts bedarf.

Gesellschaften dürfen grundsätzlich zu jedem erlaubten Zweck gegründet werden. Dieser Gesellschaftszweck muss vertraglich festgelegt werden. Alle Gesellschafter müssen einen Beitrag leisten, um die Erreichung dieses Zwecks zu fördern. Dabei kann es sich neben Arbeitsleistungen u. a. auch um die Leistung eines finanziellen Beitrags handeln.

Gesellschaften können im Rechtsverkehr nach außen als Gesellschaft in Erscheinung treten (sogenannte Außengesellschaften), müssen dies aber nicht (sogenannte Innengesellschaften).

> **Beispiel**
>
> *A und B bilden eine Fahrgemeinschaft von Hamburg nach Aachen. Dabei handelt es sich um eine Gesellschaft bürgerlichen Rechts, die aber im Rechtsverkehr nicht in Erscheinung tritt (reine Innengesellschaft).*

Gesellschaften können ein Gesellschaftsvermögen haben, müssen dies aber nicht.

> **Beispiel**
>
> *Die Fahrgemeinschaft bildet kein Gesellschaftsvermögen.*

Wenn eine Gesellschaft endet, hat sie oftmals noch Rechtsbeziehungen, die noch abgewickelt werden müssen. Hier
spricht man von der sogenannten Liquidationsphase.

Beispiel

*A kündigt seine Rechtsstellung als Gesellschafter der A und
B GbR. Die Gesellschaft hat Mitarbeiter und Mietverträge.
Diese müssen abgewickelt werden.*

Geschäftsführung und Vertretung

Definition Geschäftsführung

*Unter Geschäftsführung ist jede Maßnahme zu verstehen, die
der Förderung des Gesellschaftszwecks dient.*

Beispiel

*Gesellschafter A kümmert sich um die Buchführung, sichtet
Stellengesuche oder bearbeitet Kundenaufträge.*

Die Verteilung der Geschäftsführung ist zunächst Aufgabe
des Gesellschaftsvertrags. Nur wenn sich dort keine Regelung findet, greifen die entsprechenden gesetzlichen Regelungen über die Geschäftsführung (etwa § 709 BGB).

Manche dieser Maßnahmen der Geschäftsführung haben
Außenwirkung und sollen für die Gesellschaft Rechte oder
Pflichten begründen. Hier muss sichergestellt sein, dass der
oder die handelnden Geschäftsführer auch Vertretungsmacht für die Gesellschaft besitzen.

Im Hinblick auf die Vertretungsmacht bestehen für die verschiedenen Gesellschaftsformen entsprechende Regelungen im Gesetz:

Bei der GbR sieht das Gesetz, soweit nichts anderes bestimmt ist, zum Beispiel einen Gleichlauf zwischen Geschäftsführung und Stellvertretung vor, §§ 709, 714 BGB.

Bei der GmbH regelt § 35 GmbHG die Vertretungsmacht der Geschäftsführer.

Bei Personengesellschaften gilt der Grundsatz der Selbstorganschaft, d. h. die Gesellschafter führen die Geschäfte; bei juristischen Personen geht man hingegen von dem Grundsatz der Fremdorganschaft aus, d. h. der Geschäftsführer muss nicht Gesellschafter sein.

Haftung der Gesellschaften und Gesellschafter

Durch Verpflichtungen werden die Gesellschaften zunächst zur Erbringung der geschuldeten Primärleistungen verpflichtet, sei es aus vertraglichen oder gesetzlichen Schuldverhältnissen.

Beispiel

- *Die A, B, C OHG kauft einen PKW. Dann schuldet gemäß § 124 HGB i. V. m. § 433 Abs. 2 HGB die OHG den Kaufpreis.*
- *Die A-GmbH kauft einen PC und schuldet dann den Kaufpreis.*

Bedeutsam im Rechtsalltag ist die sich anschließende Frage, ob und wie die Gesellschafter mit ihrem privaten Vermögen für solche Verbindlichkeiten der Gesellschaft haften.

Personengesellschaften

Bei den Personengesellschaften besteht im Grundsatz eine private Haftung der Gesellschafter für Verbindlichkeiten der Gesellschaft.

Bei den Personengesellschaften ist die zentrale Vorschrift § 128 HGB aus dem Recht der offenen Handelsgesellschaft. Danach besteht eine volle Haftung der Gesellschafter für alle Schulden der Gesellschaft.

Diese Grundlage gilt

- für die Gesellschafter der OHG

- gemäß § 161 Abs. 2 HGB für die Komplementäre der KG

- und analog für die Gesellschafter der GbR.

Zudem haften die Gesellschafter der Partnerschaftsgesellschaft – allerdings mit der wichtigen Einschränkung des § 8 Abs. 2 PartGG.

Kapitalgesellschaften

Bei Kapitalgesellschaften ist die Haftung gegenüber den Gläubigern der Gesellschaft prinzipiell nur auf das Vermögen der Gesellschaft beschränkt, § 13 Abs. 2 GmbHG, § 1 AktG. Das hat zur Folge, dass die Gesellschafter privat gar nicht haften.

Gesellschaftsformen im Überblick

Die Gesellschaft bürgerlichen Rechts

Die Grundform aller Personengesellschaften ist die Gesellschaft bürgerlichen Rechts (GbR). § 705 BGB regelt hier die Gründungsvoraussetzungen. Der Vertrag kann insbesondere auch mündlich geschlossen werden.

Die GbR kommt in vielfältigen Formen vor. Auch eine Fahrgemeinschaft ist rechtlich als GbR zu werten. Die GbR kann aber auch große wirtschaftliche Bedeutung haben, etwa als Sozietät von Freiberuflern.

> ### Merke
> Die GbR ist rechts- und parteifähig, aber keine juristische Person. Eine Firma kann sie mangels Kaufmannseigenschaft nicht führen.

Die Gesellschafter müssen gemäß § 705 BGB die vereinbarten Beiträge leisten. Dabei kann es sich zum Beispiel um finanzielle Beiträge handeln oder auch um Arbeitsleistungen zur Förderung des Gesellschaftszwecks.

Nachschüsse können gemäß § 707 BGB nicht verlangt werden, wenn das Gesellschaftsvermögen nach einer späteren Erkenntnis nicht zur Erreichung des Gesellschaftszwecks ausreicht.

Gemäß § 709 BGB sind mangels abweichender Vereinbarung alle Gesellschafter gemeinsam zur Geschäftsführung verpflichtet, es gilt das Prinzip der Einstimmigkeit.

Aufgrund des zwingenden Prinzips der Selbstorganschaft darf die Geschäftsführung nicht vollständig auf Nicht-Gesellschafter übertragen werden.

Merke

Bei dem gesetzlichen Regelfall des § 709 BGB kann eine „actio pro socio" relevant werden.

Beispiel

A und B sind Gesellschafter der A & B GbR. Beide sollen laut Vertrag 10.000 EUR Einlage erbringen. A zahlt, B nicht. Hier würden die §§ 709, 714 BGB (Einstimmigkeit) einer Klage der GbR gegen B entgegenstehen. Allerdings kann A im Wege der actio pro socio den Anspruch der GbR im eigenen Namen gerichtlich geltend machen, er kann folglich privat den B auf Zahlung an die GbR erfolgreich verklagen.

Die Vertretung regelt § 714 BGB grundsätzlich im Gleichlauf zur Geschäftsführung, sodass im gesetzlichen Regelfall alle Gesellschafter gemeinsam die Gesellschaft vertreten. Oft wird diese in der Praxis wenig praktikable Regelung jedoch vertraglich geändert.

Das Vermögen der Gesellschaft ist gemäß §§ 718, 719 BGB gesamthänderisch gebunden. Daher stehen alle zum Vermögen der GbR gehörenden Sachen allen Gesellschaftern gemeinschaftlich zu.

Die Haftung für Gesellschaftsschulden durch die Gesellschafter ist im BGB nicht geregelt. Diese Regelungslücke wird durch eine entsprechende Anwendung des § 128 HGB geschlossen. Danach müssen alle Gesellschafter grundsätzlich für die Verbindlichkeiten der GbR mit ihrem gesamten privaten Vermögen akzessorisch zur Schuld der GbR unmittelbar, samtverbindlich, primär, akzessorisch und unbeschränkt haften.

Folglich können sich die Gläubiger auch direkt an die Gesellschafter wenden und diese in die Haftung nehmen. Ausnahmen von diesem Grundsatz bestehen, wenn mit dem Gläubiger ausdrücklich vereinbart wurde, dass nur das Vermögen der GbR haften soll.

Ferner ist es denkbar, dass zum Beispiel bei einer Massen-GbR aufgrund der Umstände für den Gläubiger eindeutig erkennbar wurde, dass keine Haftung der einzelnen Gesellschafter bestehen sollte.

Verbindlichkeiten der Gesellschaft können nicht nur vertraglich entstehen, sondern auch in analoger Anwendung von § 31 BGB durch unerlaubte Handlungen.

Im Innenverhältnis der Gesellschafter gilt für die Haftung § 708 BGB. Danach haften die Gesellschafter einander nur mit diesem Haftungsmaßstab.

Die GbR kennt an sich keinen Wechsel der Gesellschafter, sodass ein Ausscheiden gemäß § 717 BGB zur Auflösung der Gesellschaft führt. In allseitigem Einverständnis aller Gesellschafter kann gemäß § 736 BGB aber etwas anderes geregelt werden.

Die GbR wird generell gemäß §§ 723–728 BGB aufgelöst, wenn vertraglich nichts anderes vereinbart ist. Im Falle der Auflösung ist eine anschließende Liquidation erforderlich, siehe §§ 730–735 BGB. Aus der „werbenden" wird die „sterbende" Gesellschaft.

Checkliste: Haftung der Gesellschafter bei der GbR	
1. Liegt eine GbR vor?	✓
2. Liegt eine Verbindlichkeit der GbR vor?	
3. Ist mit dem Gläubiger eine Haftungsbegrenzung vereinbart?	
4. Liegen besondere Umstände vor, warum für den Gläubiger klar erkennbar war, dass ausnahmsweise keine private Haftung bestehen sollte?	

Die offene Handelsgesellschaft

Die OHG ist eine Sonderform der GbR, § 105 Abs. 3 HGB. Es gelten die Regelungen des HGB, §§ 105–160 HGB. Die OHG betreibt nach § 105 Abs. 1 HGB ein Handelsgewerbe, wobei alle Gesellschafter unbeschränkt privat haften.

Die OHG ist keine juristische Person, aber im Umfang des § 124 HGB rechts- und parteifähig. Die OHG bildet gemäß § 17 HGB eine Firmierung.

Gesellschafter können natürliche und juristische Personen sein, aber auch andere OHG oder KG. Die OHG entsteht an sich mit Eintragung in das Handelsregister, § 123 Abs. 1 HGB – falls die Geschäfte vorher aufgenommen wurden, entscheidet dieser Zeitpunkt, § 123 Abs. 3 HGB. Etwas anderes gilt für Kleingewerbe, siehe § 105 Abs. 2 HGB.

> **!** *Merke*
>
> Die Gründung der OHG ist formfrei. Allerdings besteht eine Pflicht zur Handelsregisteranmeldung und Eintragung. Dafür sind notariell beglaubigte Erklärungen notwendig.

Für das Innenverhältnis der Gesellschafter sind

- in erster Linie die Regelungen des Gesellschaftsvertrags,

- in zweiter Linie §§ 110–122 HGB

- und schließlich §§ 705 ff. BGB maßgeblich.

Die Geschäftsführung obliegt jedem Gesellschafter (Einzelgeschäftsführung). § 115 HGB sieht ein Widerspruchsrecht vor.

Außergewöhnliche Geschäfte müssen nach § 116 HGB gemeinsam beschlossen werden. Dabei sind alle Rechtsgeschäfte erfasst, die über den konkreten Unternehmensgegenstand hinausgehen oder mit besonderen Risiken verbunden sind.

Gemäß § 117 HGB kann die Geschäftsführungsbefugnis bei einem wichtigen Grund durch gerichtliche Entscheidung entzogen werden.

> **!** *Merke*
>
> Träger des Gesellschaftsvermögens sind die Gesellschafter zur gesamten Hand, allerdings unter ihrer gemeinsamen Firma.

Der Kapitalanteil des einzelnen Gesellschafters ist kein Recht des Gesellschafters, sondern nur das auf dem Kapitalkonto ausgewiesene Guthaben des Gesellschafters, das sich aus seiner Einlage und den ihm gutgeschriebenen Gewinnen zusammensetzt.

> ### Merke
>
> Zur Vertretung ist grundsätzlich jeder Gesellschafter allein befugt, § 125 HGB. Der Umfang der Vertretungsmacht ergibt sich aus § 126 HGB.

Für Verbindlichkeiten der OHG haftet nach § 124 HGB die Gesellschaft. Davon erfasst sind auch Schadensersatzansprüche aus Deliktsrecht, § 31 BGB analog.

Daneben haften nach § 128 HGB die Gesellschafter. Sie können sich lediglich im Rahmen des § 129 HGB gegen eine Inanspruchnahme wehren.

Es besteht grundsätzlich Identität zwischen Gesellschafts- und Gesellschafterschuld. Ausnahmen hiervon gelten nur, wenn es dem in Anspruch genommenen Gesellschafter rechtlich oder tatsächlich unmöglich ist, den Anspruch zu erfüllen.

Beispiel

Gesellschafter X soll anstelle der OHG eine Wand mauern.

Wenn ein Gesellschafter leistet, kann er u. U. von der OHG nach § 110 HGB Ersatz verlangen oder von den übrigen Gesellschaftern gemäß § 426 BGB Ausgleich.

Macht ein Gesellschafter aus einem anderen Rechtsgrund als dem Gesellschaftsvertrag Ansprüche geltend, gilt auch für ihn § 128 HGB. Allerdings ist er aus Gründen der Treuepflicht gehalten, zunächst gegen das Gesellschaftsvermögen vorzugehen. Zudem muss er bei einer Inanspruchnahme der Mitgesellschafter seinen eigenen Haftungsanteil abziehen.

Wer in eine bestehende OHG eintritt, haftet gemäß § 130 HGB für alle bestehenden Verbindlichkeiten. Bei einem Ausscheiden aus der OHG ergibt sich gemäß § 160 HGB eine fünfjährige Nachhaftung, wenn die Verbindlichkeiten in den fünf Jahren fällig und förmlich geltend gemacht werden. Ausreichend ist die Begründung der Haftung in der Zeit der Zugehörigkeit der OHG.

Beispiel

Die OHG schließt 2009 einen Mietvertrag ab. Wenn X 2010 als Gesellschafter ausscheidet, haftet er noch fünf Jahre für die jeweils monatlich fällig werdende Miete.

Die Gesellschafter können einvernehmlich aus der OHG austreten oder unter Maßgabe des § 132 HGB kündigen. Zudem gibt es die Möglichkeit der Auflösungsklage des § 133 HGB aus wichtigem Grund.

Ferner scheidet ein Gesellschafter bei Vorliegen der Gründe des § 131 Abs. 3 HGB aus der OHG aus. Letztlich gibt es noch die Möglichkeit des § 140 HGB zum Ausschluss.

Neue Gesellschafter können entweder einvernehmlich den Anteil eines bisherigen Gesellschafters übernehmen oder als neue Gesellschafter zusätzlich in die OHG aufgenommen werden.

Die gesetzlichen Auflösungsgründe sind in § 131 Abs. 1, 2 HGB geregelt. Nach Auflösung der OHG findet eine Liquidation statt.

Kommanditgesellschaft

Die Kommanditgesellschaft (KG) ist gemäß § 161 Abs. 2 HGB eine Sonderform der OHG.

Merke

Nach § 160 Abs. 1 HGB gibt es zwei Arten von Gesellschaftern: Die persönlich haftenden Gesellschafter (Komplementäre) und die beschränkt haftenden Gesellschafter (Kommanditisten).

Für die Komplementäre ist die Rechtslage der OHG ähnlich, sodass §§ 161–178 HGB im Wesentlichen nur die Rechtsstellung der Kommanditisten regeln.

Merke

Die Rechte und Pflichten des Kommanditisten regeln die §§ 163 ff. HGB. Der Kommanditist ist letztlich auf eine kapitalistische Beteiligung beschränkt, also von Geschäftsführung und Vertretung ausgeschlossen.

Die Kommanditisten müssen die im Gesellschaftsvertrag vereinbarte **Einlage** leisten. Diese Einlage wird Bestandteil des Gesellschaftsvermögens. Mit Leistung der Einlage kann der Kommanditist privat nicht mehr von den Gläubigern in

Anspruch genommen werden, § 171 HGB. Faktisch ist damit die Haftung des Kommanditisten auf diese Einlage als Haftsumme begrenzt.

Die Einlage muss im Handelsregister bekannt gemacht werden. Die Haftung des Kommanditisten lebt nach § 172 Abs. 4 HGB wieder auf, wenn ihm die Einlage zurückerstattet wird. Dabei ist nicht nur die ausdrückliche Rückzahlung der Einlage erfasst, sondern jede Rückzahlung aus dem Vermögen der Gesellschaft ohne Gegenleistung. Folglich sind auch Entnahmen zulasten des Kapitalkontos erfasst, wenn dadurch der Betrag der Haftsumme unterschritten wird oder ein Agio wieder zurückgezahlt wird (Lösung umstritten). Ausgenommen sind nur in gutem Glauben bezogene Gewinne, § 172 Abs. 5 HGB.

GmbH & Co. KG

Die GmbH & Co. KG ist rechtlich eine KG, an der eine GmbH als (zumeist) einziger Komplementär beteiligt ist. Sie ist als KG eine Personengesellschaft, aufgrund der Beteiligung der GmbH entsteht jedoch eine Typenvermischung mit Besonderheiten:

- Die GmbH & Co. KG wird gemäß §§ 125, 161 Abs. 2 HGB von der GmbH vertreten und diese durch ihren Geschäftsführer, § 35 GmbHG.

- Für Verbindlichkeiten der KG haftet die GmbH, §§ 161 Abs. 2, 128 HGB, und zwar die GmbH mit ihrem gesamten Vermögen. Dadurch lässt sich mittels § 13 Abs. 1 GmbHG mittelbar eine beschränkte Haftung herbeiführen.

Gesellschaft mit beschränkter Haftung

Die GmbH ist im Wesentlichen im GmbHG geregelt. Es handelt sich um eine juristische Person mit eigener Rechtspersönlichkeit gemäß § 13 Abs. 1 GmbHG.

Die GmbH kann gemäß § 1 GmbHG zu jedem erlaubten Zweck gegründet werden. Das Mindeststammkapital beträgt 25.000 EUR (§ 5 Abs. 1 GmbHG).

Ein Wesensmerkmal der GmbH ist, dass sie ein Stammkapital aufweist, an dem jeder Gesellschafter mit einer Stammeinlage beteiligt ist.

Gemäß § 13 Abs. 3 GmbHG, § 6 HGB ist die GmbH ein Formkaufmann.

Es besteht gemäß § 13 Abs. 2 GmbHG eine Begrenzung der Haftung auf das Vermögen der Gesellschaft, sodass eine private Haftung der Gesellschafter grundsätzlich ausscheidet.

> *Merke*
>
> Haftungsmasse ist das gesamte Vermögen der Gesellschaft. Die Gesellschafter privat haften nicht.

Die Gesellschaft entsteht gemäß § 11 Abs. 1 GmbHG erst mit der Eintragung in das Handelsregister. Deswegen lassen sich verschiedene Gründungsstadien unterscheiden:

- Vorgründungsgesellschaft

- Gründungsgesellschaft

- Eintragung = juristische Person.

Zunächst verständigen sich die Gesellschafter auf die Gründung einer GmbH. Die GmbH-Gründung setzt sodann eine notarielle Beurkundung des Gesellschaftsvertrags voraus. Der Vertrag muss die in § 3 GmbHG genannten Bestandteile enthalten. Mit Beurkundung entsteht die sogenannte Gründungsgesellschaft, aus der mit Eintragung die GmbH wird.

Bei Anmeldung zum Handelsregister muss die Hälfte des Mindeststammkapitals auf das Konto der Gesellschaft eingezahlt worden sein, wobei auf jede Stammeinlage mindestens ein Viertel einzuzahlen ist (§ 7 GmbHG). Der Geldbetrag muss zur freien Verfügung der Geschäftsführer stehen.

Denkbar ist auch eine Sachgründung statt Bareinlagen. In diesem Fall ist gemäß § 5 Abs. 4 GmbHG ein Sachgründungsbericht anzufertigen.

Die GmbH handelt durch ihre Organe.

Die Geschäftsführer sind gemäß § 35 GmbHG das vertretungsberechtigte Organ. Die Bestellung erfolgt im Gesellschaftsvertrag oder durch Beschluss der Gesellschafterversammlung. Diese Bestellung ist strikt zu trennen von einem etwaigen Arbeitsvertrag des Geschäftsführers.

Geschäftsführer können, müssen aber nicht Gesellschafter der GmbH sein (Prinzip der Fremdorganschaft).

> ### Merke
>
> Die Geschäftsführer führen die Geschäfte der Gesellschaft, immer ausgerichtet an den Vorgaben der Satzung und etwaigen Beschlüssen der Gesellschafterversammlung.

Gemäß §§ 35, 36 GmbHG gilt Gesamtvertretung durch alle Geschäftsführer. Inhaltlich kann die Vertretungsmacht gemäß § 37 Abs. 2 GmbHG nicht beschränkt werden.

> *Merke*
>
> Die Geschäftsführer haften gegenüber der Gesellschaft gemäß § 43 Abs. 2 GmbHG für etwaige Verletzungen ihrer Pflichten.

Die Gesellschafterversammlung ist das oberste Organ der Willensbildung in der GmbH. Ihre zentralen Befugnisse werden in § 46 GmbHG aufgelistet. Beschlüsse werden auf entsprechenden Versammlungen gefasst.

Der Geschäftsanteil des Gesellschafters bildet die vermögensrechtliche Beteiligung am Gesellschaftsvermögen. Jedem Gesellschafter steht ein seinem Anteil entsprechender Gewinnanteil zu. Er ist zur Kapitalaufbringung (Einlage) verpflichtet. Ferner gilt gemäß § 30 GmbHG der Grundsatz der Kapitalerhaltung.

Die GmbH wird aus den in § 60 GmbHG genannten Gründen aufgelöst.

> *Merke*
>
> Gemäß § 5a GmbHG kann bei mit einem Mindeststammkapital unter 25.000 EUR eine „Unternehmergesellschaft (haftungsbeschränkt)" gegründet werden. Hier besteht nach § 5a Abs. 3 GmbHG eine Pflicht zur Rücklagenbildung.

Die Aktiengesellschaft

Die Aktiengesellschaft (AG) verfügt gemäß § 1 AktG über eine eigene Rechtspersönlichkeit, sie haftet gegenüber den Gläubigern beschränkt auf das Vermögen der Gesellschaft.

> **!**
>
> *Merke*
>
> Die AG ist kraft Rechtsform stets eine Handelsgesellschaft. Ihr Grundkapital wird in Aktien zerlegt.

Das Grundkapital der AG ist der in der Satzung festgesetzte Kapitalbetrag, den die Gründer durch Übernahme der Aktien aufbringen müssen. Dieses Grundkapital muss als Mindesthaftungseinlage unbedingt erhalten bleiben.

Die Mitgliedschaft in einer AG wird als Aktie bezeichnet. Aktien bestehen aus einem Anteil am Grundkapital und müssen auf einen Nennbetrag lauten oder als Stückaktien begründet werden.

> **!**
>
> *Merke*
>
> Nach der Übertragungsart werden Inhaberaktien als Normalfall und Namensaktien unterschieden. Inhaberaktien werden wie bewegliche Sachen übertragen, während Namensaktien wie Wechsel durch Indossament übertragen werden (§ 68 AktG). Je nach Rechtsstellung des Aktionärs werden Stamm- und Vorzugsaktien unterschieden.

Die Gründung der AG ist vergleichsweise komplex.

> **Merke** !
>
> Der Vorstand ist das Leitungsorgan der AG und wird durch den Aufsichtsrat bestellt und abberufen.

Die Vorstandsmitglieder werden für höchstens fünf Jahre bestellt, wobei eine Wiederholung zulässig ist. Die Anstellung erfolgt durch Dienstvertrag.

Der Vorstand führt die Geschäfte (§§ 76, 77 AktG) und vertritt die AG (§ 78 AktG). Nach § 82 AktG kann die Vertretungsbefugnis des Vorstands – auch im Außenverhältnis – nicht beschränkt werden.

> **Merke** !
>
> Der Vorstand haftet der AG gemäß § 93 AktG bei Pflichtverletzungen.

Zur Kontrolle der AG ist der Aufsichtsrat berufen. Er besteht aus 3 bis 21 Mitgliedern (§ 95 AktG). Der Aufsichtsrat ist das Kontrollorgan.

Die Hauptversammlung ist schließlich das Organ, in dem die Aktionäre ihre Rechte ausüben. Die Aufgaben der Hauptversammlung sind in § 119 AktG geregelt.

Der Autor

Prof. Dr. iur. Michael Timme hat in Osnabrück Rechtswissenschaft studiert (Stipendiat der Studienstiftung des Deutschen Volkes) und wurde an der Universität Osnabrück zum Dr. iur. promoviert.

Im Anschluss an Beschäftigungen an den Universitäten Osnabrück und Kiel und das Referendariat in Schleswig-Holstein war er für einige Jahre als Rechtsanwalt tätig und zugleich Lehrbeauftragter an der Universität Osnabrück.

2004 wurde Michael Timme auf eine Professur für Bürgerliches Recht, Handels- und Wirtschaftsrecht in Aachen berufen.

Zudem ist der Autor im Nebenamt Richter am Landgericht Aachen sowie Mitglied des Justizprüfungsamtes bei dem Oberlandesgericht Köln.

Impressum:
Verlag C. H. Beck im Internet: www.beck.de
ISBN: 978-3-406-72251-6
© 2018 Verlag C. H. Beck oHG
Wilhelmstraße 9, 80801 München
Satz: Fotosatz Buck, Kumhausen
Druck und Bindung: Beltz Bad Langensalza GmbH,
Am Fliegerhorst 8, 99947 Bad Langensalza
Umschlaggestaltung: Ralph Zimmermann – Bureau Parapluie
Umschlagbild: Boguslaw Mazur – istockphoto.com
Gedruckt auf säurefreiem, alterungsbeständigem Papier
(hergestellt aus chlorfrei gebleichtem Zellstoff)